U0627458

中国农业保险保障现状与评价

张峭　李越　宋建国　等著

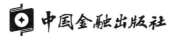

中国金融出版社

责任编辑：张怡炟
责任校对：孙　蕊
责任印制：丁淮宾

图书在版编目（CIP）数据

中国农业保险保障现状与评价／张峭等著．—北京：中国金融出版社，2022.12
ISBN 978-7-5220-1855-3

Ⅰ.①中…　Ⅱ.①张…　Ⅲ.①农业保险—社会保障—研究—中国　Ⅳ.① F842.66

中国版本图书馆 CIP 数据核字（2022）第 239703 号

中国农业保险保障现状与评价
ZHONGGUO NONGYE BAOXIAN BAOZHANG XIANZHUANG YU PINGJIA

出版
发行　**中国金融出版社**

社址　北京市丰台区益泽路 2 号
市场开发部　（010）66024766，63805472，63439533（传真）
网上书店　www.cfph.cn
　　　　　（010）66024766，63372837（传真）
读者服务部　（010）66070833，62568380
邮编　100071
经销　新华书店
印刷　保利达印务有限公司
尺寸　185 毫米×260 毫米
印张　6.25
字数　86 千
版次　2022 年 12 月第 1 版
印次　2022 年 12 月第 1 次印刷
定价　48.00 元
ISBN 978-7-5220-1855-3
如出现印装错误本社负责调换　联系电话（010）63263947

致 谢

本书是集体智慧的结晶，是《中国农业保险保障研究报告（2021）》课题组全体成员努力的共同结果。作为"中国农业保险保障"学术品牌的最新成果，课题组力求在保持成果延续性的基础上，实现创新、发展，课题组也为此付出了大量心血。所幸，在全体成员的不懈努力下，在各界领导、专家和朋友的支持帮助下，我们终于完成了这篇具有较高质量的报告和著作。在本书即将出版之际，特对课题组全体成员以及在课题研究中给予支持和帮助的领导、专家们，表示最诚挚的感谢！

本书著者暨《中国农业保险保障研究报告（2021）》课题组成员有：

袁纯清　总顾问　中央农村工作领导小组原副组长

顾　越　总顾问　太安农业保险研究院理事长

张　峭　组长　中国农业科学院农业信息研究所研究员

王　克　副组长　中国农业科学院农业信息研究所研究员

李　越　副组长　中国农业科学院农业信息研究所副研究员

宋建国　副组长　太安农业保险研究院院长

张　夏　成员　中国农业科学院农业信息研究所副研究员

丁春燕　成员　中国农业科学院农业信息研究所博士后

魏腾达　成员　中国农业科学院农业信息研究所博士研究生

徐　洋　成员　中国农业科学院农业信息研究所硕士研究生

杨旭东　成员　中国农业科学院农业信息研究所硕士研究生

姜　滁　成员　太安农业保险研究院副院长

陈元良　成员　太安农业保险研究院副院长

李　烈　成员　太安农业保险研究院政策研究部副总经理

宋淑婷　成员　太安农业保险研究院综合管理部总经理助理

崔　翔　成员　太安农业保险研究院高级经理

李嘉良　成员　太安农业保险研究院经理

刘　莉　成员　太安农业保险研究院博士后

1

在此，还要特别对中央农村工作领导小组原副组长袁纯清书记表示最诚挚的感谢。袁书记作为《中国农业保险保障研究报告（2021）》的总顾问，不仅对课题研究思路、方向给予了重要的指导，还组织召开了多轮成果咨询和评审会，极大地提升了研究报告的高度、质量和水平。袁书记的指导高屋建瓴、视野宏大，工作作风严谨求实、精益求精，令我们敬仰、敬佩。再次向袁书记的关心、指导和帮助表达衷心的感谢。

课题研究过程中还得到了银保监会毛利恒副主任、毕道俊处长，财政部谢生处长、张宝海同志以及农业农村部王胜处长的指导和大力支持，对他们的支持帮助表示诚挚谢意。同时，也要感谢首都经贸大学庹国柱教授对课题研究持续的关注和指导。

最后，课题研究和本书撰写过程中，还得到了我们团队赵俊晔博士、赵思健博士、陈爱莲博士的协助，对他们的贡献一并表示感谢。但需要说明的是，本书所有观点是著者在研究基础上作出的独立判断，文责自负，与各位领导、指导专家及其供职单位无关。

著　者

2022 年 10 月

导　言

　　2020 年是我国发展历史上极不平凡的一年，新冠肺炎疫情的暴发和流行对包括农业在内的各行各业造成了极大的冲击，农业安全、粮食安全的重要性得到前所未有的凸显，这给农业保险——这个专门用于分散和转移农业风险、稳定农业收益的风险管理工具的发展提出了更高的要求。2020 年的农业保险人也不辱使命，在新冠肺炎疫情仍在肆虐的春天克服封村断路的困难，在各级政府的支持下，通过各种非接触式的方式展业承保，为我国农林牧渔业生产提供防火墙和安全网，全年实现保费收入 815 亿元，同比增长 21.2%，增速创近 5 年新高，超越美国成为全球农业保险保费收入第一大国。

　　风险保障是农业保险的核心功能，是衡量农业保险功效的主要标准。2020 年，随着脱贫攻坚任务的胜利完成，我国"三农"工作重心历史性转向全面推进乡村振兴工作，中央和各地对农业保险工作更加重视。在财政部等四部门 2019 年印发《关于加快农业保险高质量发展的指导意见》之后，全国已有 25 个省市自治区根据中央文件精神和有关要求，结合本省（区、市）实际出台了本地区"加快农业保险高质量发展的实施意见（工作方案）"，农业保险的目标方向和发展思路更加清晰。而要实现农业保险的高质量发展，使之在全面推进乡村振兴战略和农业农村现代化中发挥更大作用，必须不断提高农业保险的风险保障功能。

　　过去两年，在中央农村工作领导小组原副组长袁纯清同志亲自关怀指导下，在中央农办、财政部、农业农村部和银保监会等相关部门支持帮助下，我们（中国农业科学院农业信息研究所和上海太安农业保险研究院）

1

从农业产业保障视角，提出并构建了分析评价农业保险发展的理论分析框架，发布了《中国农业保险保障研究报告 2019》和《中国农业保险保障研究报告 2020》两份研究报告。这两份报告发布后均获得强烈反响和广泛认可，并得到了中央和国务院有关领导以及许多地方党政主要领导的肯定性批示，不少省市区结合报告的数据和政策建议审视了当地的农业保险工作，加大了农业保险工作的力度。

2021 年度报告，我们基本遵循了以往的研究范式和思路，但在体例框架上有所变化。除总报告外，增设了 2020 年中国农业保险发展与保障状况分析、2020 年农业保险三项补贴试点的成效和问题分析、农业保险新型经营主体参与率及获得感分析、农业保险保障贡献分析以及农业保险合同诉讼和承保理赔规范化分析等 5 个专项研究报告，目的在于使报告研究更为深入，对以往研究中我们提出的中国农业保险保障存在的问题进行回应。尽管体例框架有所不同，但《中国农业保险保障现状与评价》依然遵循"用数据说话"的原则，除了依据全口径的农业经济和农业保险业务统计数据外，本年的专题和案例研究还利用了课题组的调研数据、农业农村部农业保险三项试点调度数据以及中国裁判文书网农业保险诉讼判例等数据资料。

由于时间和研究水平的限制，本书肯定还存在这样或那样的问题，敬请批评指正，多提宝贵意见！

课题组
2021 年 7 月 21 日

目　录

总报告：中国农业保险保障现状与评价

2020 年新冠肺炎疫情的暴发和流行给包括农业在内的各行各业带来了巨大冲击，凸显了农业安全、粮食安全的重要性，各界对农业保险更加关注。这一年也是贯彻落实中央深改委审议通过的《关于加快农业保险高质量发展的指导意见》的第一个年头，农业保险本身也面临着从助力脱贫攻坚向服务乡村振兴和农业农村现代化的转变。为分析在新的历史时期和新的使命任务下我国农业保险发展的新进展、新成效和新问题，中国农业保险保障研究课题组在中央农村工作领导小组原副组长袁纯清同志的亲自指导下，在中央农办、财政部、农业农村部和银保监会相关部门的支持下，继续从农业产业保障视角开展了 2020 年度农业保险保障研究。我们坚持"用数据说话"原则，在依据全口径的农业经济和农业保险业务统计数据基础上，还利用农业农村部农业保险三项试点调度数据、三大粮食作物完全成本和收入保险试点调研数据、新型农业经营主体农村金融保险需求调查问卷数据和农业保险诉讼文本数据等，开展了农业保险保障水平、农业保险试点成效、新型农业经营主体获得感、农业保险合同纠纷等 5 项专题研究，在此基础上凝练出总报告。

一、2020 年度中国农业保险保障的显著特点和主要成效

（一）各地陆续出台农业保险高质量发展实施意见，推动农业保险快速发展

《关于加快农业保险高质量发展的指导意见》（以下简称《指导意见》）出台之后，各地政府高度重视，积极贯彻落实，相继出台本地区农业保险高质量发展的实施文件。2019 年底，山西、宁夏 2 个省份就率先出台农业保险高质量发展实施意见，2020 年上半年又有河北、新疆等 9 个省

份出台实施意见，截至 2020 年底全国已有 25 个省份出台了农业保险高质量发展的实施意见或工作方案。其中，有 21 个省份给出了 2022 年具体的保险深度和保险密度目标，有 10 个省份提出了比全国更高的量化目标，如安徽、山东提出 2022 年主粮覆盖率要达到 90% 和 80%，天津、河北、宁夏要求农业保险深度达到 3%、1.7% 和 1.5%，江苏和天津要求农业保险密度达到 550 元/人和 800 元/人。这些实施文件，为推进下一阶段各省农业保险高质量发展和"提标、扩面、增品"工作指明了方向和路径。

在这些政策的激励下，2020 年度我国农业保险快速发展，取得了显著的成绩。一是 2020 年全国农业保险保费规模达到 815 亿元，同比增长 21.32%，超越美国（103.7 亿美元，折合人民币 715 亿元）成为全球农业保险保费收入第一大国。二是全国农业保险深度达到 1.05%，同比增长 9.96%，较 2008 年提升了 3 倍，提前完成了《指导意见》中 2022 年农业保险深度 1% 的目标。三是农业保险密度快速增长。2020 年全国农业保险密度 460 元/人，尽管与《指导意见》提出的 2022 年 500 元/人的短期目标还有一定差距，但也实现了 27.75% 的高速增长。四是 80% 的省份农业保险深度较上一年度有不同程度的提高，全部省份农业保险密度较上一年有所增长。吉林、黑龙江、青海、宁夏 4 省份均已提前实现本地区农业保险深度、密度发展目标，安徽、甘肃、新疆 3 省份提前完成了本地区农业保险深度目标，天津、江苏 2 省份提前完成了本地区农业保险密度目标。

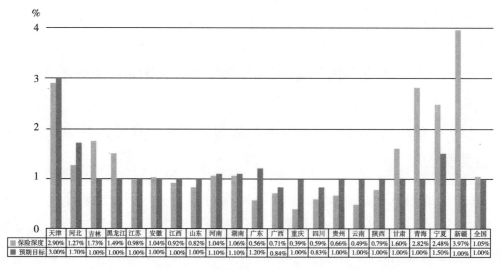

	天津	河北	吉林	黑龙江	江苏	安徽	江西	山东	河南	湖南	广东	广西	重庆	四川	贵州	云南	陕西	甘肃	青海	宁夏	新疆	全国
保险深度	2.90%	1.27%	1.73%	1.49%	0.98%	1.04%	0.92%	0.82%	1.04%	1.06%	0.56%	0.71%	0.39%	0.59%	0.66%	0.49%	0.79%	1.60%	2.82%	2.48%	3.97%	1.05%
预期目标	3.00%	1.70%	1.00%	1.00%	1.00%	1.00%	1.00%	1.00%	1.10%	1.10%	1.20%	0.84%	1.00%	0.83%	1.00%	1.00%	1.00%	1.00%	1.00%	1.50%	1.00%	1.00%

图 1　各省份 2022 年农业保险深度目标及 2020 年保险深度

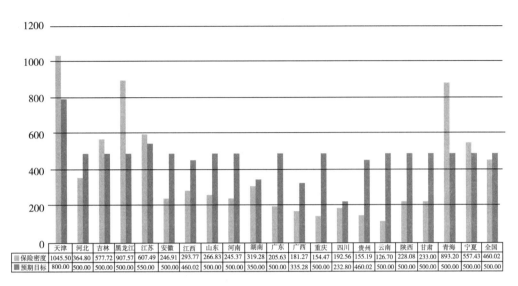

	天津	河北	吉林	黑龙江	江苏	安徽	江西	山东	河南	湖南	广东	广西	重庆	四川	贵州	云南	陕西	甘肃	青海	宁夏	全国
保险密度	1045.50	364.80	577.72	907.57	607.49	246.91	293.77	266.83	245.37	319.28	205.63	181.27	154.47	192.56	155.19	126.70	228.08	233.00	893.20	557.43	460.02
预期目标	800.00	500.00	500.00	500.00	550.00	500.00	460.02	500.00	500.00	350.00	500.00	335.28	500.00	232.80	460.02	500.00	500.00	500.00	500.00	500.00	500.00

图 2　各省份 2022 年农业保险密度目标及 2020 年保险密度

（二）疫情期间制定农业保险特殊支持政策，支撑特殊时期农产品稳产保供

2020 年初突然暴发的新冠肺炎疫情导致农产品生产运输受阻，给农业生产、农民收入造成了巨大影响。受疫情影响，农业保险查勘、定损和理赔的难度增加，同时很多家庭出现资金困难，无法足额上缴保费。为应对疫情冲击，统筹抓好新冠肺炎疫情防控和春耕生产工作，中央应对新冠肺炎疫情工作领导小组印发《当前春耕生产工作指南》，要求推进小麦、稻谷、玉米完全成本保险和收入保险试点，稳定农民收益预期，保护和调动农民种粮积极性。中国银保监会下发《关于加强当前农业保险服务工作的通知》和《关于进一步做好疫情防控金融服务的通知》，要求行业积极应对当前农业生产面临的新情况、新问题，优先做好重要农产品保险保障工作，开通农业保险理赔绿色通道，加大农业保险业务线上化工作力度；加大春耕春种金融支持，支持保险机构稳步拓展农业保险品种，扩大农业保险覆盖面；对受新冠肺炎疫情影响较大的湖北省等地区，在确保农户和农业生产经营组织真实投保意愿的前提下，可暂缓提交有关资料。

除中央外，各地方也出台了相应的应对措施。一是加大保险保费补贴惠农力度，减轻农业经营主体资金压力。如江苏省印发《关于做好新冠肺炎疫情防控期间农业保险工作的通知》，要求本地加大农业保险保费补贴政策惠农力度，疫情防控期间参加农业大灾保险的农户和新型农业经营主体自缴保费由财政承担；四川省对当地开展的蔬菜、肉蛋奶、水产品等生活必需品特色保险，省财政在现有奖补政策基础上再给予5%的保费补助。二是开通绿色通道，加快查勘、定损、理赔流程，确保农民资金周转。如山东省要求保险机构要对疫情防控期间出险的已投保农业经营主体开通绿色通道，简化审批环节和要件，按照保险合同及时开展查勘、定损和理赔工作，做到应赔尽赔，对于损失金额大、保险责任已经明确但因客观原因一时难以确定最终赔款金额的案件，可采取预付赔款等方式，缓解其生产经营压力。

（三）三大粮食作物保险提标效果明显，粮食安全保障能力显著提高

2020年，三大粮食作物完全成本和收入保险试点工作在我国6省24个县继续推进，取得显著成效。一是保额大幅提升。2018年24个试点县小麦、水稻和玉米物化成本保险的亩均保额分别为466元、373元和339元，而这三种作物完全成本和收入保险的亩均保额基本实现翻番，分别达到915元、1050元和630元，与大灾保险保额相比也提高了50%左右（见图3）；二是稳定和提高了粮食种植面积。随着保额的提升，2020年试点地区三大粮食作物种植面积几乎都有增加，共增加种植面积38.28万亩，耕地撂荒的现象也有所改观，有些地方农民还将原来改种单季稻的田地又种回了双季稻；三是提高了种粮农民的获得感。传统物化成本保险，农户受灾后获得的保险赔偿在110~148元/亩。试点后，小麦完全成本保险每亩获赔金额提升至246元、水稻提高到近400元，种粮农民的获得感显著增强（见图4）。调研显示反映"农业保险更有用了"的农民明显增多。

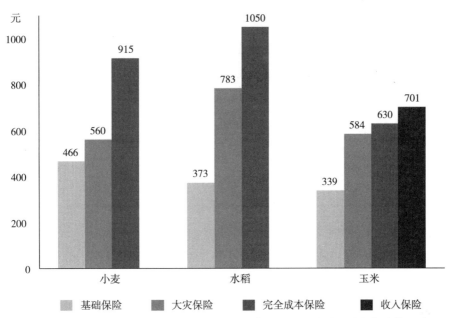

图 3 完全成本和收入保险试点省三大粮食作物不同险种亩均保额比较

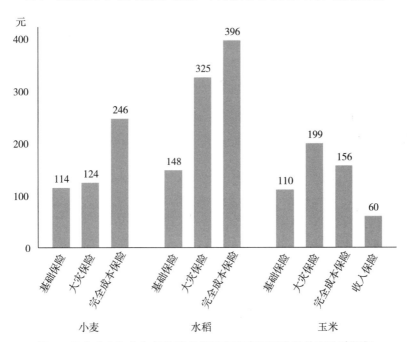

图 4 完全成本和收入保险试点省受灾农户不同险种的亩均赔付额

此外，三大粮食作物大灾保险扩大到 13 个粮食主产省的 500 个县，在粮食作物保险中占比加大。根据农业农村部调度数据，2020 年粮食主产省大灾保险试点总承保面积 1.97 亿亩，占 500 个试点县三大主粮种植面积的 52.77%。以 2019 年三大主粮作物保险承保数据为基准，2020 年 13 个粮食主产省大灾保险承保面积占比达到了 22.6%，江西更是达到了 75%①，四川和山东接近 60%，湖南也在 40% 以上。按照保费统计（见图 5），则 13 个粮食主产省大灾保险的保费占比更高，江西省 2020 年三大粮食作物大灾保险保费收入超过了 2019 年粮食作物保险保费收入总和，湖南省超过了 60%，四川和山东大灾保险保费收入占比也接近 60%。

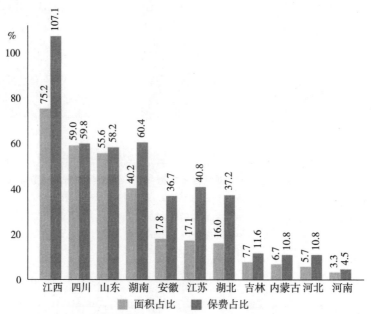

注：1. 黑龙江大灾保险数据缺失；
　　2. 2019 年承保数据=100。

图 5　2020 年 13 个粮食主产省份三大粮食作物高保障产品占比

（四）地方特色农产品保险获得快速发展，助推脱贫攻坚战全面胜利

2020 年中央财政对地方特色农产品保险以奖代补的试点范围进一步扩大，从内蒙古、甘肃等 10 个省份扩大到 20 个省份，试点品种数量从每个试点省不超过 2 个增加到 3 个。根据农业农村部调度数据，试点省地方优势特色农产品保险达到 60 个，涵盖经济作物、设施农业、畜牧业、水产养殖四大类 24 种农产品。试点取得了良好的效果，一方面许多试点省份如广东、贵州、甘肃和宁夏已将大部分县市纳入以奖代补试点范围，另一方面大部

---

① 由于 2020 年三大主粮作物保险承保面积较 2019 年有所增长，高保障险种的面积占比可能略低于这一数值，其余省份类似，但并不改变在三大粮食作物保险承保面积中，高保障险种已占到相当比例的结论。

分省份特色农产品保险的保险覆盖面和 2019 年相比都有了显著提升，如第二批进入试点的宁夏肉牛、肉羊和枸杞保险覆盖率超过了 90%。以"以奖代补"试点品种最多的肉牛、肉羊和蔬菜作物为例，2020 年内蒙古肉牛保险覆盖率从 2019 年的 4% 大幅提高到 14.2%，辽宁省肉牛保险覆盖率提升了近 12 个百分点，甘肃省 2020 年肉羊保险覆盖率超过了 80%，辽宁肉羊保险覆盖率提高了近 4 倍，四川、贵州和青海三地 2020 年蔬菜保险实现了大发展，保费收入大幅提升，最高的贵州省蔬菜保险保费收入翻了 2 番多（见图 6）。

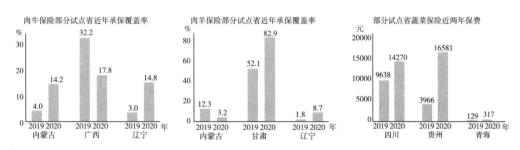

图 6 典型省份 2019 年和 2020 年肉牛、肉羊和蔬菜作物保险发展比较

同时，由于 2020 年是我国全面脱贫攻坚任务的收官之年，财政部《关于扩大中央财政对地方优势特色农产品保险以奖代补试点范围的通知》中明确鼓励以奖代补试点地区向国家扶贫开发工作重点县和集中连片特困地区倾斜。农业农村部调度数据显示，各试点地区积极响应了通知要求和政策号召，2020 年底试点省份"以奖代补"试点已覆盖 1306 个县及广东全省，其中贫困县数超过 673 个，约占试点县数量的 51.5%。除中央"以奖代补"外，各地也加大了对本省特色农业保险的支持力度，如海南将菜心、空心菜、小白菜、冬瓜、长豆角、毛豆等 22 个瓜菜品种纳入省级补贴范围，地方优势特色农产品保险成为促进贫困县产业发展的重要抓手。此外，各省也通过拓宽农业保险服务范围，为稳定脱贫提供全方位保障。例如，山西新增未转移就业收入损失保险，该保险保障有能力外出务工但仍在农村开展主粮作物生产的种植农户，不因自然灾害、意外事故和市场因素造成种植收入的大幅减少，让农民能够安心种地。

（五）生态型农业保险专属产品研发推出，护航农业产业绿色发展

随着我国经济社会发展不断深入，生态文明建设地位和作用日益凸显，

绿色发展理念深入人心。为了落实化肥农药零增长行动计划，保护提升耕地地力条件，响应"碳达峰"与"碳中和"的减排目标，保险行业积极作为，积极探索绿色农业保险创新发展。上海、广东、河南等多省市推出了"耕地地力指数保险"，对地力条件达到约定标准或有所提升的给予相应的保险给付作为奖励。为更好地保护黑土地，太保产险研发推出了"商业性玉米收入保险（黑土地保护性耕作技术专用）"等多款专属产品，并于2020年4月在吉林省梨树县国家绿色玉米生产基地核心示范区试点"保险+期货+订单农业"项目。青海省大力发挥绿色金融对生态振兴的支撑作用，创新推出了包括"化肥农药减量增效保险"在内的20多种绿色金融产品，助推青海省化肥农药减量增效行动的落实。此外，随着"碳达峰"与"碳中和"目标被写入政府工作报告，在2020年研发和准备的基础上，2021年全国首单林业碳汇指数保险在福建龙岩新罗区试点落地，以碳汇损失计量为补偿依据，将因火灾、冻灾、泥石流、山体滑坡等合同约定灾因造成的森林固碳量损失指数化，当损失达到保险合同约定的标准时，可获得相应赔偿。

（六）农业保险服务能力有效提升，科技农险服务生态初步构建

随着保费的增加与保险意识的提升，农户和基层政府对农业保险的关注度增加，对农业保险服务的要求提高，倒逼保险机构提高服务能力、满足客户需求，推动其加强基层服务网点和资源投入力度。完全成本和收入保险调研中发现，全部24个试点县的经办机构都加大了移动互联、遥感测绘、无人机等农险科技手段以及基层服务网点建设的力度。

基于2019年9月和2021年7月完全成本和收入保险24个试点县的农业保险基层服务网点数据[①]（见图7），我们发现：2021年和2019年相比，农业保险服务网点的数量明显增加，密度也得到了很大的提升，为农业保险承保到户、理赔到户提供了支撑。2019年试点县的农业保险网点共251

---

① 该数据为课题组利用python爬虫技术从百度地图获取的POI数据，具体流程是：（1）使用python程序编写爬虫爬取24个试点县保险的POI信息，POI信息数据的搜集时间点分别为2019年6月和2021年6月。（2）使用R软件编写程序对数据进行筛选，采取正则匹配等方式只留下经营农业保险网点，为了数据更加准确，对软件筛选出的excel数据进行手动精修，去除明显不符合要求但未被筛选剔除的数据行。（3）对excel数据进行分类汇总，得到各试点县网点数量数据，进行绘图比较。

个，平均每个县有 10 个网点，2021 年增加到 357 个，平均每个县 15 个网点，其中山东省试点县农业保险基层服务网点数量最多，平均每个县有 20 个网点，安徽省试点县的网点数量增加的最多，增幅达到 63%。

此外，疫情的发生对农业保险传统的承保理赔方式造成了极大的冲击，倒逼了农险科技化进程的加快，保险公司也加大科技投入，提高了农险服务的质量和时效。一是加快推进线上化服务体系，全流程电子化趋势加快。自 2019 年北京率先启动农业保险承保全流程电子化改革试点以来，内蒙古、山东等 10 个省份在 2020 年实现了农业保险承保流程电子化，在一定程度上减少了"代签字"等行为，规范了投保流程，保障了投保人的切身利益，同时也降低了保险公司的成本，在疫情期间便利了农户投保。二是卫星遥感、无人机、移动查勘等科技手段被广泛运用于承保验标和查勘定损工作，将传统"人工跑路、用腿理赔"的业务模式转变为"天上看、地上查、网上保"的新模式，科技公司为农业保险机构提供灾后查勘定损服务更为普遍。如某科技公司专门提供农业保险遥感勘察定损服务，2020 年营业额从 2019 年的 600 万元攀升至 2000 多万元。

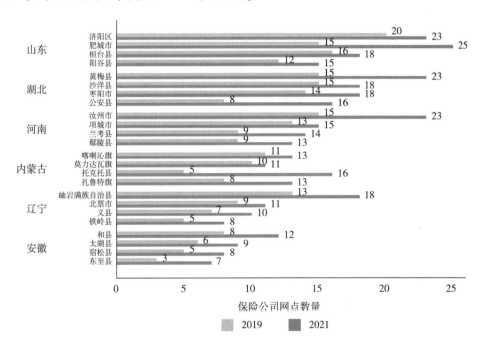

图 7 完全成本和收入保险试点省份 2019 年和 2021 年农业保险服务网点数量

二、中国农业保险保障暴露出的突出问题

（一）保额设定不科学费率厘定不精准问题更加突出

随着我国农业保险保额的提升和高保障产品试点范围的扩大，保额设定不科学、费率厘定不精准的弊端和问题更加凸显。根据课题组三大粮食作物完全成本和收入保险调研发现，保额设定不科学主要表现在试点省内普遍采用相同的保额标准，没有体现成本的区域性差异，容易造成道德风险。例如，湖北省黄梅县北部山区的土地流转成本为 300 元/亩，平原湖区在 800 元/亩左右，但水稻完全成本保险统一保额为 1100 元/亩，容易引发低成本地区道德风险问题，灾后不自救、不恢复生产，出现"懒汉田"现象。费率不精准的问题主要表现为风险和责任的不匹配，影响保险公司的稳定经营并引发逆选择问题。如图 8 所示，辽宁省义县、北票市和铁岭县玉米保险费率均为 11%，但根据中国农业科学院农业风险管理研究中心《中

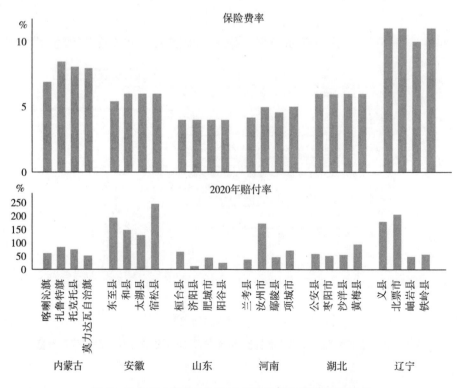

图 8　完全成本和收入保险试点县的保险费率及赔付率

国农业生产风险区划地图册》，北票市、义县和铁岭县的玉米产区分属于高、中、低三个不同等级的风险区。2020年义县和北票市玉米完全成本和收入保险出现超赔，而铁岭县玉米收入保险赔付率只有66%。此外，调研中还发现，在地势西北高、东南低的湖北省沙洋县，2019年长江洪涝灾害导致地势低洼地区受灾严重，而地势较高地区受灾较轻，但全县统一的费率使得2020年水稻完全成本保险出现高风险农户投保、低风险农户不投保的逆选择问题，总体参保率不升反降。

（二）承保理赔不规范问题严重影响农民获得感

"承保理赔不规范"是我国农业保险行业长期存在的深层次、顽固性问题，在农业保险高质量发展阶段亟待解决，不能让"保险异化为补贴"。通过对2013—2019年中国裁判文书网中所有涉及农业保险合同诉讼的572件案例进行全面深入的剖析，发现我国农业保险合同纠纷愈加严重，其中事实认定方面的纠纷最多，占比达合同纠纷案件总数的70%，主要涉及合同双方在农业保险投保位置、标的受损程度、赔偿范围和标准等方面的分歧，暴露出承保理赔过程中许多不规范的问题。例如，统一投保时保险公司不能出具分户承保明细，或是在投保户被剔除承保名单后未尽到通知义务，保险公司未在保险合同成立前或成立时以足以醒目的文字或公示形式提示和明确说明免责条款等一系列不规范操作。此外，定损标准不明晰，"拍脑袋"定损现象普遍存在，由此引发的协议赔付问题导致获赔金额大打折扣，严重影响了参保农户的获得感，"投保无用论"成为农业保险高质量发展的重大障碍。随着三大主粮大灾保险、完全成本和收入保险的先后试点，粮食大省粮食作物保险保额得到了大幅度提升，这些地区粮食作物保险贡献应该增加，但对新型农业经营主体的调研分析发现，产量越高的地区，农民对农业保险损失补偿作用（用农业保险赔款和其实际损失之比来衡量）的评价越低，和常理相悖。另外，我们在完全成本和收入保险试点的调研中，也发现"赔款是谈出来的"等理赔不规范问题同样非常突出（见图9）。以玉米为例，在内蒙古自治区有2个试点县的保险受益率（赔付面积/承保面积）竟然达到了100%，而当年的简单赔付率仅在60%左右，说明存在平均赔付的问题，辽宁省也有1个县的受益率尽管未达到100%，但高于农业保险简单赔付率，由于通常简单赔付率等于受益率和受灾农户亩均赔付额相乘，该县受灾户获得的赔付仅有 47 元/亩。

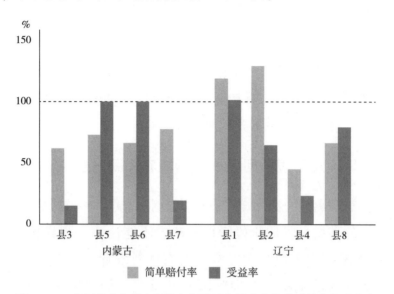

图 9　2020 年玉米完全成本和收入保险试点县农业保险赔付率及受益率

（三）农业保险保障水平出现小幅下降

2020 年农业保险保障水平为 23.54%，与 2019 年基本持平略有下降，降幅为 0.3 个百分点。同时，有近半数的省份（14 个省份）农业保险保障水平较去年出现了不同程度的下降。事实上，自 2018 年以来，我国农业保险保障水平增速已经出现了明显的放缓趋势，2018 年农业保险保障水平 23.25%，2019 年保障水平（23.61%）略有增长。2020 年农业保险保费收入快速增长达 21.32%，而农业保险保障水平却不升反降，直接原因在于构成保险保障水平的两因素中，农业保险额增速低于农业产值增速。2020 年，我国农业保险额同比增速从 2019 年的 9.84% 下降到 8.58%，而农业产值同比增速从 2019 年的 9.15% 提升到 11.14%。农业保险额提升速度难以满足农业产业保障需求的矛盾已经愈发突出。更深层次的原因是农业保险产品结构发生了变化，产值高而保额低的地方特色农产品保险的快速发展，在整个农业保险产品体系中的占比提升，导致总体农业保险保障水平上升缓慢甚至下降。中央财政补贴的粮棉油糖等大宗农产品保费占农业保险总保费的比例，已经从 2008 年的接近 90% 下降到 2019 年的不足 75%，大宗农产品农业保险保额占比则从 2008 年的 92.96% 下降到 2019 年的 65%。

（四）农业保险助力"一二三产业融合发展"尚未破题

站在我国"三农"工作重心由脱贫攻坚转向全面乡村振兴的历史交汇点，农业保险这一农业风险管理的工具应当顺应时代发展，迎合产业需要，在助力一二三产业融合发展，促进产业兴旺方面发挥更大作用。然而，现实情况是，我国的农业保险产品仍然局限在对农业生产的价格、产量和收入的风险保障，在打破产业界限，延伸保险产业链方面仍然鲜有探索。例如，北京市农业保险保障水平连续三年位居全国第一，2020 年农业保险保费收入超过 10 亿元，其中政策性险种保费收入 5.7 亿元，但是即使在商业性农业保险占比近 43% 的情况下，发展现代都市农业的北京市涉及农产品加工、销售、贸易等下游行业的保险产品仍然捉襟见肘。2017 年北京推出了京郊旅游保险，根据北京市文化和旅游局数据，2020 年京郊旅游保险承保 3664 户，保费收入 131.9 万元，提供风险保障 21.98 亿元，尽管承保覆盖率超过了 65%，但保障水平依然有限，且在农业保险市场的份额微乎其微。因此，在全面乡村振兴的大背景下，打通产业融合发展的保险创新渠道，服务农业产业链发展，仍有很大空间。

（五）政策协调性亟待提高

政策之间不协调问题主要表现在政策制定欠缺系统性思维和地方政府对政策的理解执行存在偏差两个方面。在政策制定方面，大灾保险和完全成本保险的衔接不畅是突出问题。由于大灾保险试点开展较早，多数省份已将粮食产量排名靠前的县纳入试点范围，但根据财金〔2018〕93 号文[①]的规定，完全成本保险试点地区应在大灾保险试点县以外另行选择，由此导致粮食产量排名相对靠后的县保障水平反而更高。如图 10 所示，山东省大灾保险试点县小麦平均播种面积为 62.4 万亩，高于后进入小麦完全成本保险试点的 4 个试点县（县均 59 万亩），但小麦大灾保险保额仅为 500 元/亩，远低于后者的 930 元/亩。当然，财政部《关于扩大三大粮食作物完全成本保险和种植收入保险实施范围的通知》（财金〔2021〕49 号）解决了大灾

---

① 《关于开展三大粮食作物完全成本保险和收入保险试点工作的通知》（财金〔2018〕93 号）。

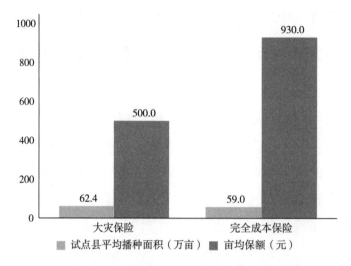

图 10　山东省小麦大灾保险和完全成本保险试点县的种植规模及亩保额对比

保险和完全成本保险的协调问题，2022 年随着完全成本保险扩大到 13 个粮食主产省的所有主产县，大灾保险退出历史舞台。但是上述反映的这一问题，提醒我们在今后农业保险试点中要强化系统思维，更加注重试点政策的协调性。在政策理解执行方面，一些试点县在推行完全成本保险试点时，取消了物化成本保险供给，剥夺了农民在低保障产品和高保障产品之间自主选择的权利，致使许多地区小农户无力承担或不愿购买高保障产品而选择弃保。如图 11 所示，2020 年山东省和河南省的小麦完全成本保险有 6 个试点县的参保农户户次较 2019 年有明显降低，但是规模化农户的参保户次都有所增长，这表明许多小农户不再参保，有悖于中央促进小农户和现代农业发展有机衔接的有关精神。

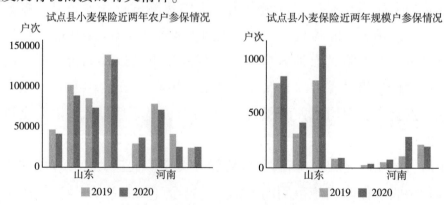

图 11　小麦完全成本保险农户参保情况

三、新时期提升农业保险保障的建议

(一) 以科学精准为原则合理确定保额和保费

建议在农业保险高质量发展阶段要尽快改变"一省一费"的粗放模式，可从三大主粮完全成本和收入保险试点省开始推进。一是推进农业生产风险区划。风险区划的单位要具体到县，参照相关部委发布的农业生产风险地图和农业保险纯风险费率表合理确定县级风险等级，有条件的地方可参照内蒙古扎鲁特旗或托克托县的做法将风险等级细化到乡镇。二是科学厘定费率。根据农业保险风险区划结果，结合以往农业保险赔付情况合理确定保险费率，同一风险区采用统一费率，不同风险区费率应有差异，费率水平至少要精确到小数点后两位。三是合理确定保额。农业保险保额原则上应以县为单位确定，以体现不同区域农业生产成本、土地租金和劳力投入方面的差异，保额不宜超过相应品种产值的 80%，可依据国家发展改革委《全国农产品成本收益资料汇编》或本省物价部门、农业农村部门发布的数据进行测算。

(二) 从微观制度和技术维度入手解决农业保险理赔不规范问题

解决理赔不规范的问题，长期看最终要依靠法制的健全、制度的完善和农业保险相关数据信息的共享，但短期应该致力于解决农业保险规范理赔的可操作性问题。建议：一是加快"农业保险法"的立法进程，尽快出台新的农业保险承保理赔管理办法及其配套实施细则，明确要求将免责条款的概念、内容、法律后果纳入"五公开、二到户"，使农业保险经营机构承保理赔业务有所遵循。二是从地方开始研究制定农业保险查勘定损技术规范，充分利用基层农业部门和农技部门技术力量，研究制定适合本地区的农业保险核灾定损技术指南或操作手册，为农业保险查勘理赔实务提供一个具有可操作性的灾损评定标准。三是规范农业保险查勘定损队伍建设，人员可由保险机构提出、政府部门审定并组织开展相关技术培训，合格后颁发相关资格证书，提高其定损的权威性和专业性，解决当前查勘定损人员素质参差不齐，灾损评估结果农民不认可的问题。四是研究农业保险合同纠纷的法律问题，建立农业保险纠纷快速解决通道和中立第三方查勘定损机制，明确保险公司承担对异议保险标的的受灾情况单独收集和固定查勘定损证据的义务，并在诉讼和仲裁中承担举证责任。

（三）提高新型农业经营主体的参保积极性

新型农业经营主体是未来农业规模化经营的主力军，因其生产规模更大应该是农业保险的优质客户，但现实中参保率不高、获得感不强。根据2020年10月课题组利用农业农村部新型农业经营主体信息直报系统开展的在线调研，在11373户受访户中，参保率仅为45.46%，且近八成的新型农业经营主体曾中断投保，他们认为农业保险赔偿仅占其实际损失的三成左右。为提高农业保险对新型农业经营主体的吸引力，建议：一是持续推进农业保险"提标"。一方面在粮食作物主产省扩大完全成本和收入保险试点范围，另一方面在其他省份探索"政策险+商业险"的高保障模式，这是提升农业保险保障贡献的重要力量，也是调研中近半数新型农业经营主体对农业保险最强烈的期望。二是大力推动农业保险"扩面、增品"，将"以奖代补"试点范围扩展到全国，同时适度加大试点品种数量，这是提高新型农业经营主体参保率尤其是粮食小省新型农业经营主体参保率的重要举措。三是完善农业保险合约，开展取消分阶段理赔试点，研究建立更为合理的农业保险赔付机制，提升农业保险对受灾农户的赔偿能力，提高农民的获得感和满意度。

（四）将农业保险宣传培训计划落到实处

尽管我国新一轮农业保险已开展了近15年，但无论是地方政府还是广大农民，不了解不理解农业保险的现象仍不在少数。为使农业保险政策取得预期效果，提高农民自主参与农业保险的积极性，降低农业保险发展的财政依赖性，提出三点建议。一是将《指导意见》中设立农业保险宣传培训计划的要求落到实处，国家层面要委托相关部门设立一个专门小组，制定全国农业保险宣传教育培训的总体方案和行动规划。二是组织开展全国性农业保险特别是完全成本保险和收入保险试点动员和培训会议，提高试点省有关部门的政治站位，加深相关部门特别是财政和农业农村部门对试点政策的理解，提高其决策水平、增强其管理能力。三是将面向新型农业经营主体的农业保险培训纳入农业农村部高素质农民培训等现有培训体系中，创新农业保险基层宣传培训方式，提高广大农民特别是新型农业经营主体的风险保障意识，把农业保险的具体补贴政策、保险条款、投保标的、理赔过程讲解清晰，最大程度保证新型农业经营主体听懂会做。

（五）农业保险评价中更加注重保障水平等效果性指标

农业保险保障水平是衡量农业保险功效的主要标准，是农业保险政策效果的集中体现，也是农业保险"三农"服务能力的突出反映。但目前国内对农业保险发展水平的衡量以保费规模指标（保险深度、保险密度）为主，缺乏从产业保障角度进行衡量的指标。为此提出两点建议：一是在农业保险评价中更加注重其政策效果和社会效果，将保障水平、保障广度、保障深度等相关指标纳入农业保险绩效考核体系，激励各界不断提高农业保险保额和保障水平，切实提升农业保险风险保障能力，满足不断提升的农业产业风险管理需求。二是在中央层面研究出台一套面向农业保险经办机构的服务考核标准，将保险覆盖率、农民满意度、理赔时效和理赔规范等效果性指标纳入考核体系并赋予较高权重，作为各地农业保险招投标的重要参考，推进建立以农业保险服务效果为导向的招投标制度。

（六）用科技提升农业保险的精细化和精准化水平

目前尽管农险科技的重要性已达到广泛共识，但我国农业保险与现代科技深度融合还不足，尚处于应用的初级阶段。为此提出四点建议：一是加快农业保险大数据战略规划和统筹部署，加快完善数据治理机制。借鉴北京市和山东省的做法，先行构建省级农险大数据管理与服务平台，汇集省内农业保险业务数据和财政、农业农村、保险监管、林业草原等相关部门涉农数据和信息。二是加人农业保险数据的分析挖掘和利用。借鉴河南省财政厅通过卫星遥感数据与保险业务数据的比对来审核保费补贴真实性的做法，运用现代科技手段识别并制止重复投保、虚假承保和协议理赔等违规行为，追踪农业保险保费补贴状况，提高农业保险监管的及时性和准确性。三是推进农业保险机构"线上+线下"一体化网络服务体系建设。要在支持保险机构建立健全农业保险基层服务网点的同时，充分运用信息技术与互联网资源加强线上服务，开辟服务触达农户的新途径。四是加大农业保险业务经营中科技应用力度。鼓励保险机构在农业保险承保理赔实践中以更大力度运用无人机、卫星遥感等科技手段来提高精准性，要特别关注勘损环节出险面积和灾损程度科技测度的准确性和有效性问题，政府部门要协调研究遥感、无人机定损等农业保险电子化服务的法律效力问题。

（七）充分发挥中国农业再保险股份有限公司的应有作用

中国农业再保险股份有限公司（以下简称中国农再）作为国务院批准成立的具有政策性职能的农业再保险专门机构，担负着农业大灾风险分散主渠道、健全农业保险制度主力军、完善农业支持保护体系重要抓手的使命，理应在农业保险高质量发展中发挥骨干作用。一是完善约定分保机制，加大农业再保险供给，对进入试点范围的农险业务要提供充足稳定的再保险保障，探索建立与直保公司风险共担、多层分散的再保险机制，提高行业大灾风险承载能力。二是配合财政等部门，探索建立中央和地方风险共担、全国统筹的农业保险大灾风险基金，实现跨区域、跨机构的统筹合理使用，提高应对全国性、区域性极端特重大灾害的风险管理能力。三是将中国农再作为政府管理农业保险的重要抓手，在全国农业生产风险评估区划、农业（再）保险精算、农业保险重大理论和基础问题研究等方面，充分发挥其协调引领和技术支撑作用。

（八）引导农业保险更好地服务乡村振兴

在新发展阶段，要立足完善农业支持保护政策，强化农业保险顶层设计，构建农业保险新发展格局。一是对标乡村振兴和农业农村现代化发展需要，推进农业保险主动对接农业绿色发展、"碳中和碳达峰"、农业一二三产业融合发展等国家农业领域的重大发展战略，提升农业保险发展理念。二是加强农业保险和灾害救济、种粮直补、生猪保供稳价、收储政策等其他支农惠农政策的协调性，将农业保险和农村金融制度的优化纳入新时期我国农业支持保护政策的大框架中进行考虑，解决相关政策不协调、碎片化的问题。三是开展农业保险顶层设计和中长期发展规划，对重大理论、政策和制度问题统一组织研究，优化农业保险财政支持方案，提升农业保险财政资金使用效益，鼓励地方开展农业保险运行模式和体制机制创新。

专题一：2020 年中国农业保险发展与保障状况分析

　　2020 年是决胜全面建成小康社会、决战脱贫攻坚之年，也是落实《关于加快农业保险高质量发展的指导意见》的第一年。这一年，突然暴发的新冠肺炎疫情（以下简称疫情）给农业保险发展带来了新的挑战——疫情防控新要求导致农业保险查勘、定损和理赔的难度增加，同时很多农户家庭收入受疫情影响，无法足额上缴保费。这一年，我国气候年景偏差，主汛期南方地区遭遇了 1998 年以来的最严重汛情，全年各类自然灾害造成 1.38 亿人次受灾，农作物受灾面积 19957.7 千公顷，直接经济损失 3701.5 亿元，农业保险和农业风险管理的重要作用更为凸显。为了全面反映 2020 年我国农业保险的发展情况和应对风险的保障能力，本专题梳理和回顾了 2020 年我国农业保险政策进展，并从保费规模和保险保额角度，系统分析了 2020 年我国农业保险保障水平、保险深度、保险密度等基本情况，同时对照《关于加快农业保险高质量发展的指导意见》文件提出农业保险深度、密度发展目标，对我国农业保险保障的现状差距和发展方向进行深入分析。各指标计算依据及数据来源情况如表 1-1 所示。

表 1-1　农业保险保障评价指标测算说明

指标名称	计算公式	数据来源
农业保险保障水平	农业保险保额/农业总产值	1. 农业保险保额数据来源于银保监会统计数据； 2. 农业总产值来源于国家统计局及各省统计公报中的"农林牧渔总产值"统计指标
农业保险深度	农业保险保费/第一产业增加值	1. 农业保险保费数据来源于银保监会统计数据； 2. 第一产业增加值来源于国家统计局及各省统计公报"第一产业增加值"
农业保险密度	农业保险保费/农业从业人口	1. 农业保险保费数据来源于银保监会统计数据； 2. 农业从业人口来源于国家统计局及各省统计公报"第一产业就业人员"指标

一、2020 年中央及各地农业保险主要举措

2020 年，为降低新冠肺炎疫情对农业生产的影响，中央和地方各级部门对农业保险更加重视，围绕农业保险"提标、扩面、增品"做了大量工作，归结起来主要体现在三个方面。

（一）农业保险高质量发展实施意见陆续出台

继 2019 年财政部等四部门印发《关于加快农业保险高质量发展的指导意见》之后，截至 2020 年底，全国已有 25 个省份出台了本地区的农业保险高质量发展实施意见或工作方案，为推动下一阶段各省农业保险高质量发展和"提标、扩面、增品"工作指明了方向和道路。总体看，各省份出台的农业保险实施意见，除了遵循中央精神以外，还结合本省实际制定了许多更为具体明确的目标要求和工作任务。如重庆市将"绩效管理"列为农业保险向高质量发展的基本原则之一，浙江省将"支持地方特色农产品保险创新和扩面"作为提高农业保险服务能力的四项任务之一。在发展目标方面，大部分省份都参照中央意见精神，制定了本地区 2022 年农业保险发展的量化目标。多数省份和中央意见一致，明确提出主粮作物保险覆盖率要达到 70%，农业保险深度达到 1%，农业保险密度达到 500 元/人；部分省份结合自身实际制定了更高的目标，如河北、湖南要求 2022 年主粮作物保险覆盖率达到 75% 以上，安徽要求主粮保险覆盖率 90%；湖南、广东、河北要求 2022 年农业保险深度达到 1.1%、1.2% 和 1.7%，江苏和天津要求 2022 年农业保险密度达到 550 元/人以上、800 元/人以上。表 1-2 展示了 2020 年我国各省市农业保险高质量发展实施意见的具体情况。

表1-2 国内各省（区、市）农业保险高质量发展实施意见推出情况

省份	是否推出农业保险高质量发展实施意见	发布时间	2022年目标
北京	否	无	
天津	是	2020年3月16日	主粮保险覆盖率：80%+； 农业保险深度：3%，农业保险密度：800元/人
河北	是	2020年1月6日	主粮保险覆盖率：75%+； 农业保险深度：1.7%，农业保险密度：500元/人
山西	是	2019年12月24日	小麦、玉米保险覆盖率：70%+
内蒙古	是	2020年12月25日	
辽宁	否	无	
吉林	是	2020年3月26日	主粮保险覆盖率：70%+； 农业保险深度：1%+，农业保险密度：500元/人
黑龙江	是	2020年8月6日	主粮保险覆盖率：70%+； 农业保险深度：1%，农业保险密度：500元/人
上海	否	无	
江苏	是	2020年6月4日	主粮保险覆盖率：80%+； 农业保险深度：1%，农业保险密度：550元/人+
浙江	是	2020年9月8日	主粮保险覆盖率：70%+； 生猪保险覆盖率：90%+
安徽	是	2020年10月26日	主粮保险覆盖率：90%； 农业保险深度：1%+，农业保险密度：500元/人
福建	是	2020年9月18日	水稻种植保险覆盖率：80%+
江西	是	2020年9月28日	主粮保险覆盖率：70%+； 农业保险深度：1%，农业保险密度达到或接近全国平均水平
山东	是	2020年12月7日	主粮保险覆盖率：80%； 农业保险深度：1%，农业保险密度：500元/人
河南	是	2020年12月1日	农业保险深度：1.1%+，农业保险密度：500元/人
湖北	否	无	
湖南	是	2020年9月30日	主粮保险覆盖率：75%+； 农业保险深度：1.1%+，农业保险密度：350元/人
广东	是	2020年6月10日	农业保险深度：1.2%+，农业保险密度：500元/人
广西	是	2020年4月24日	农业保险深度、密度达到全国平均水平的80%
海南	否	无	
重庆	是	2020年11月11日	主粮保险覆盖率：70%+； 农业保险深度：1%，农业保险密度：500元/人
四川	是	2020年10月16日	主粮保险覆盖率：70%+； 农业保险深度、密度较2019年提高50%以上

省份	是否推出农业保险高质量发展实施意见	发布时间	2022 年目标
贵州	是	2020 年 7 月 31 日	农业保险深度：1%，农业保险密度达到全国水平
云南	是	2020 年 9 月 15 日	主粮保险覆盖率：70%+； 农业保险深度：1%，农业保险密度：500 元/人
西藏	否	无	
陕西	是	2020 年 10 月 20 日	小麦、玉米保险覆盖率：70%+； 农业保险深度：1%，农业保险密度：500 元/人
甘肃	是	2020 年 2 月 10 日	小麦、玉米、马铃薯保险覆盖率：70%+； 农业保险深度：1%，农业保险密度：500 元/人
青海	是	2020 年 9 月 29 日	主要作物保险覆盖率：70%+； 农业保险深度：1%+，农业保险密度：500 元/人
宁夏	是	2019 年 12 月 24 日	三大主粮、奶牛、肉牛、肉羊及生猪保险覆盖率：90%+； 农业保险深度：1.5%，农业保险密度：500 元/人
新疆	是	2020 年 1 月 20 日	主粮保险覆盖率：70%+； 农业保险深度：1%，农业保险密度：500 元/人

注：1. 资料来源于各省财政官网，按照行政区划排序；
　　2. 农业保险深度＝保费/第一产业增加值，农业保险密度＝保费/农业从业人口。

（二）新冠肺炎疫情期间给予特殊支持政策

新冠肺炎疫情导致农产品生产运输受阻，导致损失，并且查勘、定损和理赔的难度也增加了，时效性受到影响，同时，受疫情影响，很多家庭出现资金困难，无法足额上缴保费。为应对突如其来的疫情，2020 年财政部办公厅、农业农村部办公厅在 2 月发布了《关于切实支持做好新冠肺炎疫情防控期间农产品稳产保供工作的通知》，出台六项有关措施，切实支持做好新冠肺炎疫情防控期间"菜篮子"等农产品稳产保供工作。中国银保监会紧跟出台《关于进一步做好疫情防控金融服务的通知》，加大春耕春种金融支持，支持保险机构稳步拓展农业保险品种，扩大农业保险覆盖面，稳定农业种养殖户和农民生产经营预期。

此外，除中央外，各个地方也出台了相应的应对措施。一是"提标、增品、扩面"，如宁夏回族自治区在积极应对新冠肺炎疫情影响促进经济平稳运行的若干财政政策措施的通知中，提到农业保险实行"提标、增品、扩面"。二是加大保险保费补贴惠农力度，减轻农业经营主体资金压力，如江苏省印发关于做好新冠肺炎疫情防控期间农业保险工作的通知，要求各地加大农业保险保费补贴政策惠农力度，疫情防控期间参加农业大灾保险的农户和新型农业经营主体承担的保费部分由财政承担，费用由各级财政按原渠道分摊承担；四川省对各地开展的蔬菜、肉蛋奶、水产品等生活必需品特色保险，省财政在现有奖补政策基础上再给予5%的保费补助。三是开通绿色通道，加快查勘、定损、理赔流程，确保农民资金周转。如山东省要求保险机构对疫情防控期间出险的已投保农业经营主体开通绿色通道，简化审批环节和要件，按照保险合同及时开展查勘、定损和理赔工作，做到应赔尽赔，对于损失金额大、保险责任已经明确但因客观原因一时难以确定最终赔款金额的案件，可采取预付赔款等方式，缓解其生产经营压力。

（三）农业保险"提标、扩面、增品"深入推进

在"提标"方面，中央和各地采取的举措主要有三项，一是按照中央《关于开展三大粮食作物完全成本保险和收入保险试点工作的通知》要求，在内蒙古、辽宁、山东、河南、安徽和湖北6省份24个县继续开展三大粮食作物完全成本保险和收入保险试点，大幅提高了粮食作物保险的亩均保额，完全成本保险保额覆盖作物生产全成本，收入保险保额覆盖作物产值；二是延续了2019年财政部《关于支持做好稳定生猪生产保障市场供应有关工作的通知》中暂时提高能繁母猪、育肥猪保险保额的做法，能繁母猪保险和育肥猪保险保额保持了1500元/头和800元/头的标准；三是许多地方制定和出台了本省农业保险完全成本保险试点方案，如河南省选择了40个优质小麦生产大县开展在省级财政支持下的优质小麦完全成本保险试点，山西省制定了《关于开展省级政策性小麦、玉米完全成本保险、产量保险、收入保险和未转移就业收入损失保险试点实施方案》，决定从2021年起在洪洞县、闻喜县、忻府区、朔城区开展小麦玉米完全成本保险等试点。

"扩面"方面采取的主要举措也有三项，一是根据财政部2019年下半旬出台的关于扩大农业大灾保险试点范围的通知，2020年三大粮食作物大灾保险试点由去年的200个试点县扩大至500个试点县。二是中央财政对地方特色农产品保险以奖代补的试点范围进一步扩大，试点地区从10个省份扩大到20个省份，试点品种每省从2个增加到3个。目前除北京、天津、

河北、山西、河南、安徽、江苏、上海、浙江、江西和福建 11 个省份外，其余省份都已纳入中央财政以奖代补试点范围。三是地方加大了对本省特色农业保险的支持力度，保障范围明显加大，如广东实现了岭南水果保险全覆盖，海南将菜心、空心菜、小白菜、冬瓜、长豆角、毛豆等 22 个瓜菜品种纳入省级补贴范围。此外，许多省市还扩展了农业保险责任，如青海省将雪灾纳入青海省种植业大田作物保险赔偿责任，宁夏回族自治区将酿酒葡萄等树体越冬风险纳入保障范围，上海市水产养殖保险增加了鳃出血、孢子虫病责任。

"增品"方面的举措主要有两项，一是鼓励开发更多的地方特色农产品保险产品，将更多农产品纳入农业保险风险保障范围。这一条举措在许多省份的农业保险高质量发展实施意见中均有体现，如浙江省鼓励保险机构围绕畜禽养殖、水产养殖等菜篮子工程和经济作物栽培的风险保障需求开发新品种，鼓励各市、县结合当地实际，以产业政策为导向，开发能够体现区域特色，产业规模较大，农户投保意愿强烈的特色农业保险产品。二是拓宽农业保险服务领域，加大保险+信贷、保险+期货等"保险+"以及涉农保险方面的工作力度。如山东省新增烟台的长岛海洋牧场"保险+信贷"试点，陕西省新增猪饲料成本指数"保险+期货"，山西新增未转移就业收入损失保险，该保险保障有能力外出务工但仍在农村开展主粮作物生产的种植农户，不因自然灾害、意外事故和市场因素造成种植收入的大幅减少，让农民能够安心种地。

二、2020 年全国农业保险保障进展与特点

（一）农业保险深度短期目标提前实现，保险密度持续快速增长

2020 年，我国农业保险保费规模进一步扩大，达到 815 亿元，同比增长 21.32%，超越美国（103.7 亿美元，折合人民币 715 亿元）成为世界上农业保险保费规模最大的国家。全国农业保险深度达到 1.05%，同比增长 9.96%，较 2008 年提升了 3 倍，农业保险在国民经济发展中的重要性不断提升，提前完成了《关于加快农业保险高质量发展的指导意见》中提出的

到 2022 年保险深度达到 1% 的目标。此外，2020 年全国农业保险密度 460元/人，尽管与《指导意见》提出的 500 元/人的 2022 年短期目标还有一定差距，但也实现了 27.75% 的高速增长，说明经过十余年的发展，农业保险政策更加深入人心，农业生产经营者参保意识进一步增加。

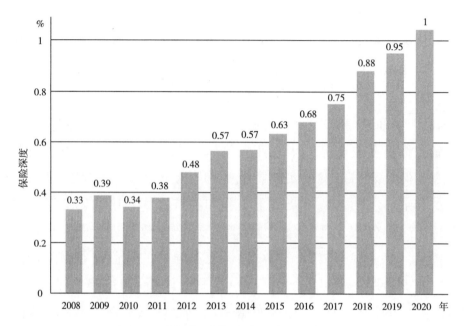

图 1-1　我国农业保险深度（2008—2020 年）

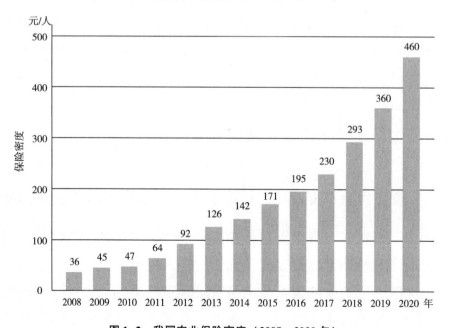

图 1-2　我国农业保险密度（2008—2020 年）

（二）农业保险保障水平小幅下降，保费增长和风险保障的不匹配凸显

2020 年我国农业保险保费规模同比增长了 21.32%，但农业保险保障水平只有 23.54%，与 2019 年同比却下降了 2.31%，农业保险保费和风险保障的变化不相匹配。究其缘由可从构成保险保障水平的两因素——保险保额和农业产值来看，导致农业保险保障水平增速放缓甚至下降的直接原因在于，农业保险保额增速明显放缓，而农业产值增速明显提升。2020 年，我国农业保险保额同比增速从 2019 年的 9.84% 下降到 8.58%，而农业产值同比增速从 2019 年的 9.15% 提升到 11.14%。事实上，自 2018 年以来，我国农业保险保障水平增速已经出现了明显的放缓趋势。而从根本上看，产品产值高但保险保额较低的地方特色农产品保险的快速发展，是导致农业保险保障水平下降的深层次原因。中央财政补贴的粮棉油糖等大宗农产品保费占农业总保费的比例，已经从 2008 年的接近 90% 下降到 2019 年的不足 75%，大宗农产品农业保险保额占比则从 2008 年的 92.96% 下降到 2019 年的 65%。

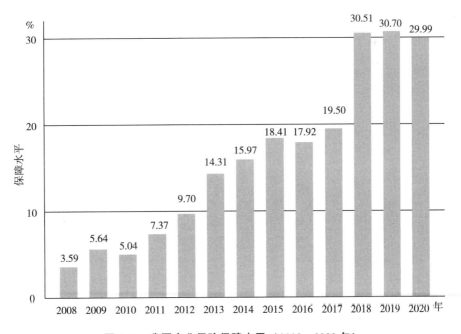

图 1-3 我国农业保险保障水平（2008—2020 年）

（三）农业保险发展的区域不平衡问题更加突出

分区域的历史演变情况看，农业小省、农业大省农业保险发展的优劣势分化愈发明显。将 30 个省份（不含西藏）按照农业产值从高到低分成农业大省（农业产值 1–10 名）、农业中等省（农业产值 11–20 名）、农业小省（农业产值 21–30 名），分别展示 2008 年以来各组的农业保险保障水平、保险深度、保险密度 3 指标的变化情况。可以看出，农业小省与保费相关的保险深度、密度指标一直遥遥领先于农业大省和农业中等省份，与保额相关的保障水平指标在 2015 年后也表现出更明显的优势。而农业大省则恰恰相反，在前期各指标就较其他省份落后，且后期增速也明显低于另外两组，导致其农业保险发展水平差距越来越大。以保障水平指标为例，在过去的 13 年中，农业小省、农业中等省和农业大省保险保障水平分别提升了 10 倍、8 倍、6 倍。

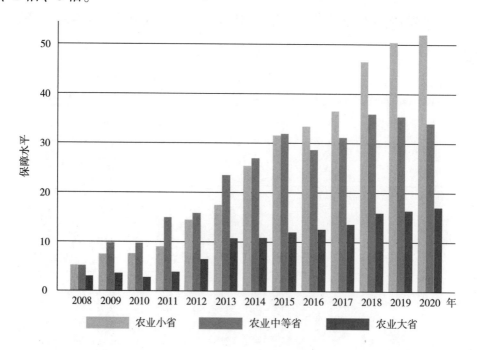

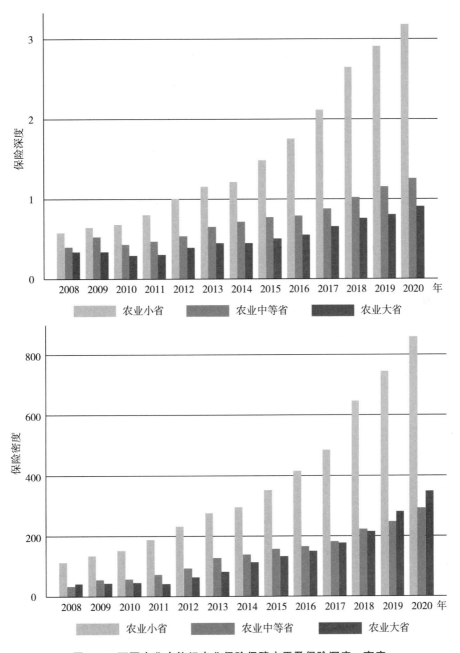

图 1-4　不同农业产值组农业保险保障水平及保险深度、密度

（四）新冠肺炎疫情倒逼农险服务加速升级

新冠肺炎疫情的突然暴发以及疫情防控的常态化措施，对农业保险承保理赔服务提出新的要求，加快保险科技应用成为推动农业保险高质量发展的必然选择，全流程电子化成为未来农险发展趋势。与此同时，卫星遥

感、无人机、移动查勘等科技手段的应用，大幅降低农险承保理赔实务工作量，转变传统"用腿理赔"的落后模式，提高了承保理赔服务效率；另外，科技手段有助于解决承保理赔数据真实性问题，通过对实务流程关键节点的刚性管控，最终促进农险合规经营。

三、2020 年分省农业保险保障进展

（一）近半数省份农业保险保障水平出现下降

从保险保障水平看，北京、上海等传统的农业保险强省，农业保险保障水平领先优势依然明显，而山东、湖北、黑龙江等农业大省和粮食主产区，农业保险保障水平发展却不尽如人意，特别是我国首个农业总产值过万亿的农业大省——山东省农业保险保障水平却显著低于其他省份。从增速上看，北京、广东、江苏等省份保险保障水平增速较快，有近半数的省份（14 个）农业保险保障水平较去年有所下降。

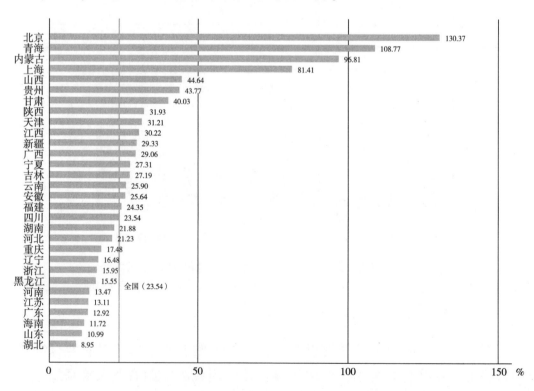

图 1-5　2020 年分省农业保险保障水平及增长率

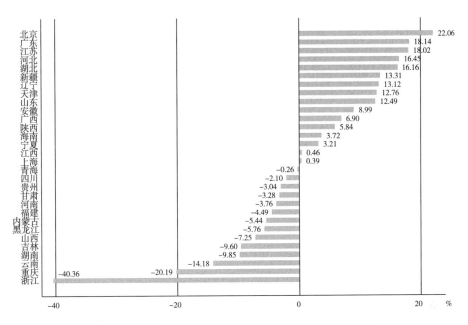

图 1-5　2020 年分省农业保险保障水平及增长率（续）

（二）超半数省份农业保险深度超过 1%目标

从保险深度来看，18 个省份都已超过上述 1%的短期发展目标，其中北京市以 9.31%的农业保险深度和 34.43%的同比增速领先于其他省份，除了北京、上海、天津等经济发展水平较高的东部省份外，西藏、新疆、青海、宁夏等西部省份农业保险深度也相对较高。但同时，福建、重庆、云南等省份农业保险深度尚不足 0.5%，与第一梯队的三省份相差 10 倍有余。从增长情况看，31 省份农业保险保费规模均有所扩大，同时 80%的省市农业保险深度较上一年度也有不同程度的提升，即农业保险保费规模扩展速度超过了第一产业增加值的增长速度。但宁夏、云南、湖南等 7 省份出现了保险深度的下降，其中宁夏回族自治区农业保险深度降幅超过了 10%。

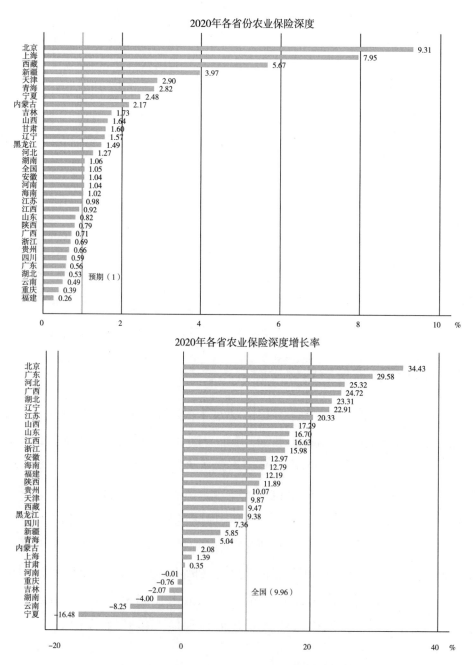

图 1-6　2020 年各省份农业保险深度及增长率

（三）各省农业保险密度同比增长多在 10% 以上

从保险密度看，已有 1/3 的省份已经超过了 500 元/人的预期目标，北京、上海、天津三市农业保险密度已超过千元/人，北京、上海两市更是超

过 2000 元/人。但另一方面，农业保险密度的省际差距较大，云南、福建等
7 省份农业保险密度还不足 200 元/人，与北京、上海等第一梯队省市保险
密度相差近 20 倍。从增速上看，31 省份农业保险密度均保持了较高速增长
态势，除了上海、宁夏增速略低，云南保险密度增速接近 10% 外，其他省
份农业保险密度增速均在 10% 以上。

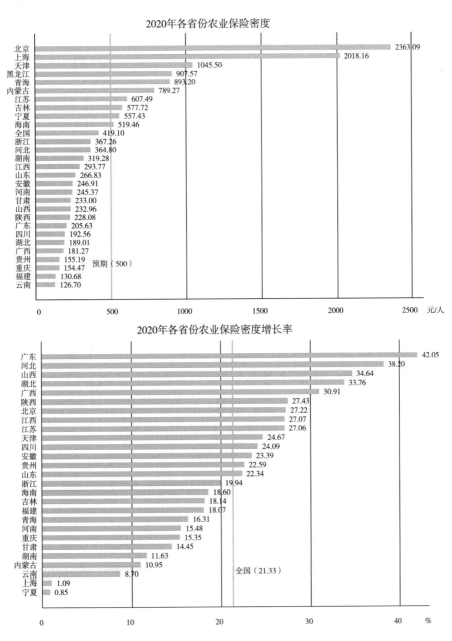

图 1-7　2020 年各省份农业保险密度及增长率

四、小结

（一）农业保险深度、密度保持快速增长势头，但农业保险保障水平却呈停滞状态

保障水平是衡量农业保险风险保障能力的核心指标。尽管从保费规模看，我国已经成为世界第一大农业保险大国，与保费相关的保险深度、保险密度等指标也始终保持着快速增长的势头，但是与保额相关的农业保险保障水平已经出现了停滞态势。未来，应该更加关注与保额相关指标的提升，将农业保险保障水平及其分解指标——保障广度、保障深度，纳入地方农业保险发展的考评中，切实提升农业保险风险保障能力，满足不断提升的农业产业风险管理需求，全方位推动农业保险高质量发展，将农业保险"大国"打造成真正的农业保险"强国"。

（二）经济发达省份农业保险保障具有明显优势，农业保险发展不均衡问题亟待解决

无论是保额相关的保障水平，还是与保费相关的保险深度、密度，经济发展水平较高、农业产值较小的省份保险保障指标均好于其他省份，而农业大省保险保障的劣势随着时间的推移却愈发明显。北京、上海、天津等农业产值占比较低的省份作为农业保险"强省"的优势进一步凸显，山东、湖北等农业大省保险保障水平则相对较低。国内外农业保险实践表明，保费补贴是政府推动农业保险发展的重要工具和手段，我国农业保险保障水平的省际发展不平衡，在很大程度上正是由于区域间单位农业保险财政补贴强度（亩均播种面积或头均养殖数量的保费补贴额）差异所造成的，因此，要改善农业保险发展不均衡问题，应该进一步优化我国农业保险财政补贴办法，中央财政农业保险补贴更多地向农业大省、产粮大省倾斜，更好地发挥农业保险保障粮食安全、服务农业产业的支撑作用。

（三）更加注重农业保险政策支持和规划指引

以《关于加快农业保险高质量发展的指导意见》为遵循，多数省份均结合本地实际出台了本地区的农业保险高质量发展文件，提出了农业保险

发展的量化目标和重点发展任务。通过对各省份农业保险保障指标的对比分析，能够明显地看出中央相关政策规划文件对地方农业保险发展的促进作用，率先出台地方农业保险高质量发展文件的山西、河北、天津、吉林等省份，2020 年农业保险保障相关指标及增速均取得了较为亮眼的成绩。

专题二：2020年农业保险三项试点的
成效和问题分析

为提高农业保险的风险保障作用，推动农业保险提标扩面增品，2017年以来财政部、农业农村部和银保监会等相关部门相继启动了农业大灾保险试点、三大粮食作物完全成本保险和收入保险试点、中央财政对地方优势特色农产品保险奖补试点（以下简称农业保险三项试点）。2020年这三项试点基本进入了成熟期和稳步推进期，本专题对2020年这三项试点的进展情况进行专门分析，旨在总结经验剖析问题，为"十四五"乃至更长一段时期我国农业保险高质量发展的制度完善和政策创设提供依据。

一、试点情况

农业大灾保险试点起步于2017年，是中央财政支持的第一个农业保险试点项目，先期在河北、内蒙古等13个粮食主产省份的200个产粮大县开展，试点的主要内容是针对三大主粮规模经营主体提供更高保障的保险产品，保险金额从直接物化成本提高到直接物化成本加地租，保障对象为农业生产新型经营主体，2019年农业大灾保险试点范围进一步扩大，试点范围扩大到13个粮食主产省份的500个产粮大县，试点任务、目标和要求不变。

2018年8月28日，财政部等三部门启动了三大粮食作物完全成本保险和收入保险试点，该试点在2019年正式实施，2020年是第二个年头。试点不仅进一步提高了保险金额（完全成本保险保额覆盖直接物化成本、人工和地租，收入保险覆盖农业生产产值），而且保障对象还扩展到包括新型经营主体和小农户在内的所有农户，试点区域为内蒙古等6个省份24个县，其中内蒙古和辽宁各有2个县开展玉米完全成本保险试点，2个县开展玉米收入保险试点，山东和河南各有4个县开展小麦完全成本保险试点，湖北和安徽各 4 个县开展水稻完全成本保险试点。2020 年底召开的中央农村工作会议上宣布要扩大完全成本和收入保险试点范围。

2019 年 7 月财政部下发《关于开展中央财政对地方优势特色农产品保险奖补试点的通知》，以"以奖代补"的形式对各地反映强烈的地方特色农产品保险提供支持。试点省份为内蒙古、山东等 10 个省份，每个省份选择的保险标的不超过 2 种。2020 年"以奖代补"试点范围扩大至 20 个省份，试点标的由 2 种增加到 3 种。

二、主要成效

（一）粮食安全保障能力显著提高

主要体现在两个方面，一是三大粮食作物完全成本和收入保险保额提升明显，试点县覆盖率处于较高水平且仍不断提升。农业农村部调度数据显示，2020 年 13 个粮食主产省小麦、水稻和玉米大灾保险的亩均保险金额分别为 607 元、669 元和 487 元，较 2019 年分别提高了 37%、46% 和 35%。对内蒙古、辽宁、山东、河南、湖北和安徽 6 个完全成本和收入保险试点省份的调研数据表明，24 个试点县的三大粮食作物保险保额和传统物化成本保险相比，基本实现了翻番，和大灾保险相比，小麦完全成本保险保额增幅最大，超过了 60%（如图 2-1 所示）。而且从面积覆盖率来看，完全成本和收入保险试点也取得了显著成绩。山东、安徽和辽宁 2020 年完全成本保险和收入保险试点县的承保覆盖率高达 90% 以上，内蒙古、湖北也在 70%～80% 的较高水平下，河南省承保覆盖率相对较低，但也从 2019 年 6.6% 大幅提高至 2020 年的 15.2%（见图 2-2）。

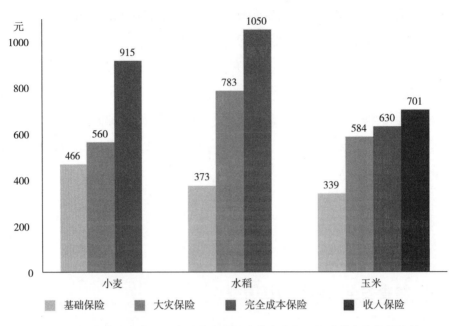

图 2-1 完全成本和收入保险试点省份三大粮食作物不同险种亩均保额比较

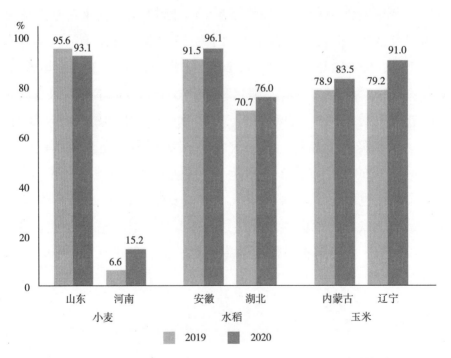

图 2-2 完全成本和收入保险试点县 2019 年和 2020 年保险覆盖率

二是三大主粮大灾保险、完全成本保险和收入保险等高保障产品的覆盖率上升,在粮食作物保险占到了越来越大的比重。以 2019 年三大主粮作物保险承保面积为比较基准,2020 年 13 个粮食主产省份三大粮食作物高保障险种

（包括完全成本保险、大灾保险和收入保险）的承保面积占比已占到了相当的比例，江西省高保障险种承保面积占比高达 75%[①]，四川和山东接近 60%，湖南在 40% 以上。以大灾保险为例，2020 年粮食主产省份大灾保险试点总承保面积 1.97 亿亩，占到了试点地区三大主粮种植面积的 52.77%，约占粮食主产省份三大主粮作物保险总承保面积（2019 年数据）的 25%。按照保费统计（见图 2-3），13 个粮食主产省份大灾保险的保费占比更高，江西省 2020 年三大粮食作物大灾保险保费收入超过了 2019 年粮食作物保险保费收入总和，湖南省超过了 60%，四川和山东大灾保险保费收入占比也接近 60%。

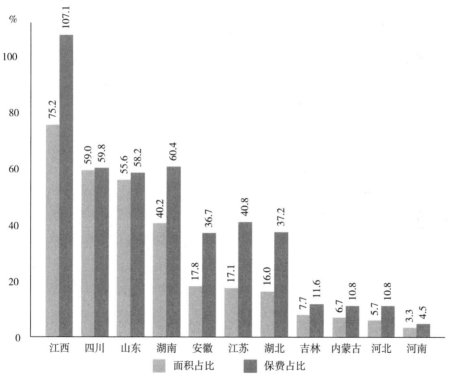

注：1. 黑龙江大灾保险数据缺失；
　　2. 2019 年承保数据=100。

图 2-3　2020 年 13 个粮食主产省份三大粮食作物高保障产品占比

---

① 由于 2020 年三大主粮作物保险承保面积较 2019 年有所增长，高保障险种的面积占比可能略低于这一数值，其余省份类似，但并不改变在三大粮食作物保险承保面积中，高保障险种已占到相当比例的结论。

(二) 地方特色农产品保险获得快速发展

2019 年之前，中央财政保费补贴品种主要是关系 16 个大宗农产品，数量众多的地方优势特色农产品保险未得到支持，限制了特色农业保险的规模提升和功能发挥。奖补政策在地方自主自愿的基础上，将更多品种纳入补贴范围，受到了地方的广泛欢迎，试点取得了显著成效。

一是极大丰富了地方特色农产品保险产品。目前 20 个地方优势特色农产品保险以奖代补试点省提交的地方优势特色农产品保险达到 60 个。根据农业农村部调度数据，这些特色农产品保险涵盖了关系地方农业经济发展和农民收入的经济作物、基础设施农业、畜牧业、水产养殖四大类 24 种农产品（见表 2-1），其中蔬菜类作物保险在四川、湖北、贵州和青海 4 个省份开展，肉牛、肉羊、苹果和中药材保险各在 3 个省份开展，设施农业或温室大棚保险也有 3 个省份进行试点。

表 2-1 试点省（自治区、直辖市）已开办或拟开办的以奖代补险种（截至 2020 年 6 月 30 日）

批次	省份	险种
第一批试点	内蒙古	肉牛、肉羊、能繁母猪保险
	山东	温室大棚、大蒜目标价格保险
	湖北	小龙虾、茶叶保险
	湖南	柑橘、生猪价格指数保险
	广西	肉牛养殖保险
	海南	天然橡胶价格（收入）保险、瓜菜价格指数保险
	贵州	茶叶种植保险、茶叶低温指数保险、蔬菜种植保险、蔬菜价格指数保险
	陕西	苹果、设施农业保险
	甘肃	苹果价格指数保险、苹果成本指数保险、中药材收入保险、肉羊成本保险
第二批试点	广东	岭南水果险种、家禽险种、水产养殖险种
	青海	温棚保险，蔬菜、中草药保险
	宁夏	枸杞、肉牛、肉羊保险
	新疆兵团	拟开展林果种植保险、肉牛养殖保险和肉羊养殖保险
	吉林	拟开展食用菌和中草药保险
	黑龙江	黑木耳、奶山羊、汉麻保险

资料来源：农业农村部农业保险三项试点 2020 年调度。

二是地方特色农产品保险的覆盖率大幅提升。在中央以奖代补政策扶持下，地方优势特色农产品保险取得了良好的扩面效果，如广东省将全省纳入以奖代补试点范围，贵州、甘肃和宁夏等省份也将大部分县纳入以奖代补试点范围。除覆盖范围扩大外，在试点县中以奖代补保险品种的保险覆盖率也在不断提高，如第二批进入试点的宁夏肉牛、肉羊和枸杞保险覆盖率超过了 90%。以肉牛、肉羊和蔬菜作物为例，2020 年大部分省份特色农产品保险的保险覆盖面和 2019 年相比都有了显著提升，如内蒙古肉牛保险覆盖率从 2019 年的 4% 大幅提升至 2020 年的 14.2%，辽宁省肉牛保险覆盖率提升了近 12 个百分点，甘肃省 2020 年肉羊保险覆盖率超过了 80%，辽宁肉羊保险覆盖率提高了近 4 倍，四川、贵州和青海三地 2020 年蔬菜保险实现了大发展，保费收入大幅提升，最高的贵州省蔬菜保险保费收入翻了 2 番多（见图 2-4）。

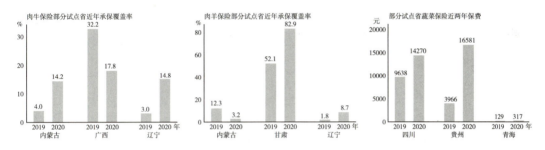

图 2-4 典型省份 2019 和 2020 年肉牛、肉羊和蔬菜作物保险发展比较

三是成为助推脱贫攻坚的重要手段。2020 年是我国全面脱贫攻坚任务的收官之年，财政部《关于扩大中央财政对地方优势特色农产品保险以奖代补试点范围的通知》中明确鼓励以奖代补试点地区向国家扶贫开发工作重点县和集中连片特困地区倾斜。由于贫困县自然禀赋相对较差，地方优势特色农产品往往是促进当地产业发展的重要抓手。从农业农村部调度数据看，各试点地区积极响应了通知要求和政策号召，2020 年度试点省份中央财政对地方优势特色农产品保险以奖代补试点已覆盖 777 个县及广东全省，其中贫困县数超过 430 个，约占承保县数量的 55.3%。

（三）种粮农民的获得感明显增强

此前开展的物化成本保险保额只占农作物种植总成本的 40% 左右，而完全成本保险和收入保险保额最大可以达到种植收入的 85%。水稻完全成本保险每亩保额增加了 594 元（安徽）和 700 元（湖北），小麦完全成本保险每亩保额增加了 453 元（河南）和 480 元（山东），玉米完全成本保险和收入保险每亩保额增加了 420 元（辽宁）和 103 元（内蒙古）。保额的提升，一方面极大提高了农业保险保障水平，稳定了投保农户的种植收益预期；另一方面提升了农业保险的亩均赔付额，种粮农民获得感增强。图 2-5 显示，在内蒙古、辽宁、山东、河南、湖北和安徽 6 个完全成本和收入保险试点省份，三大粮食作物受灾农户从基础保险（传统物化成本保险）获得的保险赔付在每亩 110～148 元，大灾保险受灾户的亩均获赔金额有所提高，小麦、水稻和玉米每亩获赔金额提高了 10 元、177 元和 89 元，小麦完全成本保险每亩获赔金额提升至 246 元、水稻接近 400 元/亩。当然，由于不同作物遭受的风险并不相同，不能简单比较三大粮食作物不同险种的获赔金额高低，但毫无疑问，保险金额的提升，大幅提高了农业保险在农户受灾后的赔偿金额，调研中发现感到"农业保险更有用了"的农民显著增多。

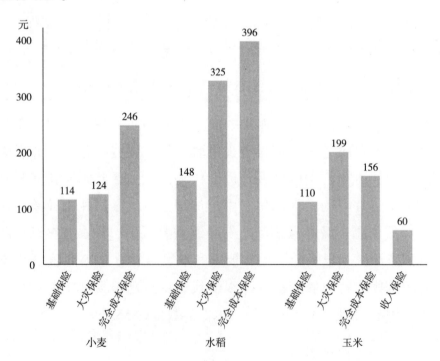

图 2-5　完全成本和收入保险试点省份受灾农户不同险种的亩均赔付额

（四）农业保险服务能力有效提升

完全成本和收入保险试点提高了农业保险的保额。随着保费的增加与保险意识的提升，农户和基层政府对农业保险的关注度增加，对农业保险服务的要求提高，倒逼保险机构提高服务能力、满足客户需求，推动其加强基层服务网点和资源投入力度。调研中发现，全部 24 个试点县的经办机构都加大了移动互联、遥感测绘、无人机等农险科技手段以及基层服务网点建设的力度。基于 2019 年 9 月和 2021 年 7 月完全成本和收入保险 24 个试点县的农业保险基层服务网点数据[①]（见图 2-6），我们发现：（1）2021 年和 2019 年相比农业保险服务网点的数量明显增加，密度也得到了很大的提升。2019 年试点县的农业保险网点共 251 个，平均每个县有 10 个网点，2021 年增加到 357 个，平均每个县有 15 个网点。（2）从绝对值看，山东省试点县的农业保险基层服务网点密度最大，平均每个试点县有 20 个基层服务网点，最高的肥城市达到 25 个。24 个试点县中，近 50% 的县（11 个）

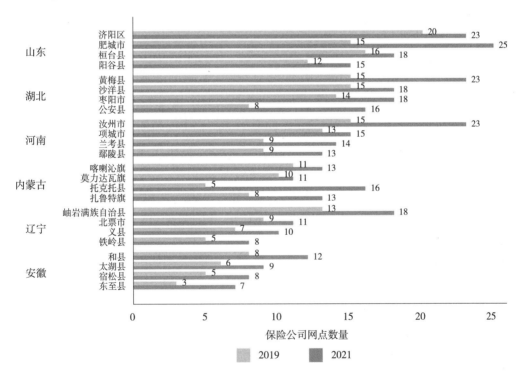

图 2-6 完全成本和收入保险试点省份 2019 年和 2021 年农业保险服务网点数量

---

① 该数据为课题组利用 python 爬虫技术从百度地图获取的 POI 数据，具体流程是：（1）使用 python 程序编写爬虫爬取 24 个试点县保险的 POI 信息，POI 信息数据的搜集时间点分别为 2019 年 6 月和 2021 年 6 月。（2）使用 R 软件编写程序对数据进行筛选，采取正则匹配等方式只留下经营农业保险网点，为了数据更加准确，对软件筛选出的 excel 数据进行手动精修，去除明显不符合要求但未被筛选剔除的数据行。（3）对 excel 数据进行分类汇总，得到各试点县网点数量数据，进行绘图比较。

农业保险基层服务网点在 15 个以上。（3）从增速看，安徽省试点县的农业保险网点的数量增加最多，2021 年比两年前增长了 63%，内蒙古增长了 56%，湖北增长了 44%，河南增长了 41%，辽宁增长了 38%，山东增长了 28%。试点县中，内蒙古托克托县、安徽东至和湖北公安县增速位居前三，增速均在一番及以上。

此外，新冠肺炎疫情的发生对农业保险传统的承保理赔方式造成了极大的冲击，倒逼了农险科技化进程的加快，保险公司也加大科技投入，提高了农险服务的质量和时效。一是加快推进线上化服务体系，全流程电子化成为未来农险发展趋势。自 2019 年北京率先启动农业保险承保全流程电子化改革试点以来，内蒙古、山东等 10 个省份在 2020 年实现了农业保险承保流程电子化，在一定程度上减少了"代签字"等行为，规范了投保流程，保障了投保人的切身利益，同时也降低了保险公司的成本，在疫情期间便利了农户投保。二是卫星遥感、无人机、移动查勘等科技手段被广泛运用于承保验标和查勘定损工作，将传统"人工跑路、用腿理赔"的业务模式转变为"天上看、地上查、网上保"的新模式，科技公司为农业保险机构提供灾后查勘定损服务更为普遍。如某科技公司专门提供农业保险遥感勘察定损服务，2020 年营业额从 2019 年的 600 万元攀升至 2000 多万元。

三、主要问题

（一）试点政策间的协调性需要加强

尽管从全国层面看，成本保险、大灾保险、完全成本保险的保额依次提升，构建了三大主粮作物保险不同保额、多层次的产品供给体系，但就具体地区而言，大灾保险试点和完全成本保险试点政策衔接不畅。根据财金〔2018〕93 号文的规定，完全成本保险试点地区应在大灾保险试点产粮大县以外另行选择，由于先进入大灾保险试点范围的县粮食产量和粮食播种面积一般更高，由此产生了一个问题：产粮更高的县获得的农业保险保障反而更低。如图 2-7 所示，山东省大灾保险试点县小麦播种面积平均为62.4 万亩，高于后进入小麦完全成本保险试点的 4 个试点县（县均 59 万亩)，但小麦保险保额仅为 500 元，远低于后者的 930 元/亩。当然，财政部《关于扩大三大粮食作物完全成本保险和种植收入保险实施范围的通知》（财金〔2021〕49 号文）解决了大灾保险和完全成本保险的协调问题，2022 年随着完全成本保险扩大到 13 个粮食主产省的所有主产县，大灾保险退出历史舞台。但是上述反映的这一问题，提醒我们在今后农业保险试验试点中要强化系统思维，更加注重试点政策的协调性。

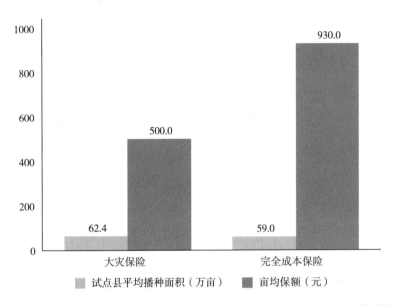

图 2-7　山东省小麦大灾保险和完全成本保险试点县的种植规模及亩保额对比

（二）政策宣传不到位执行理解有偏差

提高农业保险保额、试点和扩大完全成本保险和收入保险保额是一项利国利民的好事。我们调研发现，尽管各界高度评价这一政策，但执行中宣传不到位、理解有偏差的现象值得重视，表现在两个方面。

一是面向农户的政策宣传有待加强。与传统物化成本保险相比，完全成本保险和收入保险保额提高 1 倍以上，而且农户自付比例从之前的 20% 提高到了 30%，自付保费从 4~5 元/亩提高到了 20 元/亩左右，许多农民认为负担有所增加，并没有认识到投入的增加会给其带来更多保障和赔款，加之政策宣传力度还不到位，致使完全成本和收入保险的 6 个试点省份中，有 3 个省在试点第一年①的粮食作物保险覆盖率下降（见图 2-8）。

二是一些地方政策理解有偏差。工作中采取"一刀切"的做法，在试点县取消了物化成本保险供给，取消了农民在低保障产品和高保障产品之间自主选择的权利，致使许多地区小农户无力购买高保障产品而选择弃保。以小麦完全成本保险试点为例，2020 年山东和河南有 6 个试点县的参保农户户次较 2019 年有明显降低，但是规模化农户的参保户次都有所增长（见图 2-9），这表明退保的农户均为小农户，这显然有悖于 2019 年中办、国办印发的《关于促进小农户和现代农业发展有机衔接的意见》精神。

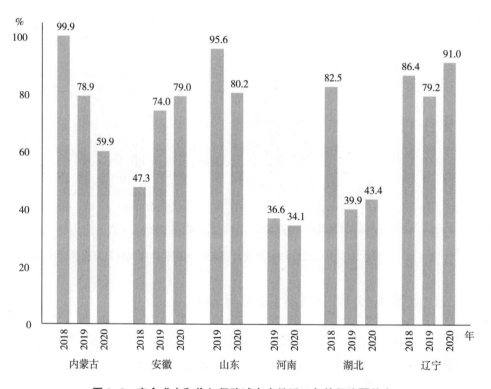

图 2-8 完全成本和收入保险试点省份近三年的保险覆盖率

---

① 尽管完全成本保险和收入保险试点政策在 2018 年下发，但由于已错过承保季，6 个试点省均是从 2019 年开始试点的。

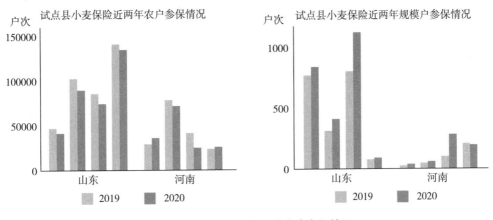

图 2-9 小麦完全成本保险农户参保情况

（三） 保额设定和费率厘定不够精准

在保险金额设定上存在两个问题，一是除内蒙古外试点省内普遍采用相同的保额标准，没有体现出区域性差异。比如，2020 年辽宁省玉米完全成本保险统一保额为 700 元/亩，这对于辽西玉米正常年份单产 600 斤/亩而言相对较高，但对于铁岭县玉米正常年份单产 1300 斤/亩而言就显得不够；二是未考虑到不同地区土地流转成本的地域性差异，比如湖北省黄梅县土地流转成本在北部山区仅 300 元/亩左右，在平原湖区高达 800 元/亩左右，最高相差 500 元/亩以上，对于 1100 元/亩的保额而言，北部山区容易出现道德风险问题，即：农户期望保险能够多赔，灾后自救不积极、不主动恢复生产甚至出现"懒汉田"的现象。费率不精准的问题主要表现在风险和责任的不匹配，除内蒙古自治区外，其余 5 个完全成本和收入保险试点省基本实施统一费率，但这些试点县的地理位置相距较远、地理条件和风险水平各不相同，2020 年同一省内四个试点县的保险赔付率相差巨大，这显然是不合理的。如，辽宁省义县、北票市和铁岭县玉米保险费率相同（均为 11%），但 2020 年赔付率差异巨大，义县和北票市出现超赔，而铁岭市玉米保险赔付率只有 66%，其余省份也存在类似问题。调研中发现，费率不精准的弊端在完全成本和收入保险试点中突出体现出来，不仅影响了保险经办机构的积极性，而且农户用脚投票，出现了高风险农户投保、低风险农户退保的逆选择问题。

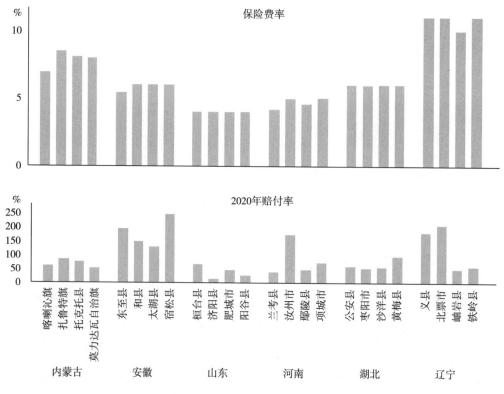

图 2-10 完全成本和收入保险试点县的保险费率及赔付率

（四）不规范理赔问题依然存在

"承保理赔不规范"是我国农业保险行业长期存在的深层次和顽疾性问题，在农业保险高质量发展阶段亟待解决，不能让"保险异化为补贴"。调研中发现，完全成本保险和收入保险试点中"赔款是谈出来的"等理赔不规范问题也非常突出（见图 2-11）。以玉米为例，在内蒙古自治区有 2 个试点县的保险受益率（赔付面积/承保面积）竟然达到了 100%，而当年的简单赔付率并不高，只有 60% 左右，说明存在平均赔付的问题，辽宁省也有 1 个县受益率尽管未达到 100%，但高于农业保险简单赔付率，由于通常简单赔付率等于受益率和受灾农户亩均赔付额相乘，可以看出该县受灾农户获得的亩均赔付有多低。

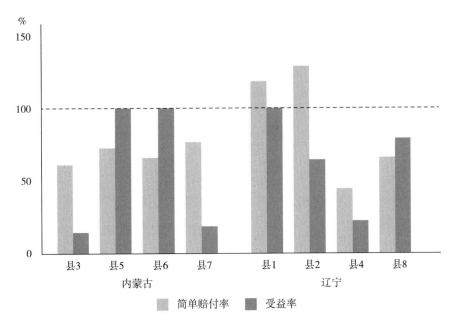

图 2-11　2020 年玉米完全成本和收入保险试点县农业保险赔付率及受益率

四、对策建议

（一）提高支农惠农政策的协调性和整体性

农业保险不仅仅是保险，更是新时期我国重要的一项支农惠农政策。在我国"三农"工作重心发生历史性转移的新时期，要切实加强农业保险的顶层设计，推动农业保险高质量发展，织密织牢全面推进乡村振兴中的防火墙和安全网。一是要加强农业保险和灾害救济、种粮直补、生猪保供稳价、收储政策等其他支农惠农政策的协调性，将农业保险和农村金融制度的优化纳入新时期我国农业支持保护政策的大框架中进行考虑，解决相关政策不协调、碎片化的问题。二是统筹考虑推动农业保险试点的区域、力度和方式，加强农业保险相关试点政策之间的协调性，解决试点政策衔接上的问题。三是开展农业保险顶层设计和中长期发展规划制定，推动中央农业保险领导协调机构常态化运作，对重大理论、政策和制度问题统一组织研究，积极推动"农业保险法"的立法工作，鼓励地方开展农业保险运行模式和体制机制创新。

（二）将农业保险宣传培训计划落到实处

认识是行动的先导，只有认识到位，行动才能达到预期效果。针对调研中发现的地方政府对中央农业保险试点政策理解的偏差，建议落实《关于加快农业保险高质量发展的指导意见》中设立农业保险宣传培训计划的要求，加大宣传培训力度。一是组织开展全国性农业保险特别是完全成本保险和收入保险试点动员和培训会议，提高试点省有关部门的政治站位，加深相关部门特别是财政和农业农村部门对试点政策的理解，提高其决策水平、增强其管理能力；二是要求各试点省份加强组织领导，加大宣传力度，使试点县市准确理解党中央国务院扩大完全成本保险和收入保险试点的重要意义，提高试点县市主要负责同志的重视程度；三是将面向新型经营主体的农业保险培训纳入高素质农民培训等现有培训体系中，提高广大农民特别是新型经营主体的风险保险意识。

（三）以科学精准为原则合理确定保额和保费

科学风险区划和精准费率厘定是确定保费、保额的核心，是影响完全成本保险和收入保险试点成效的主要因素。鉴于该项工作的重要性，建议在农业保险高质量发展阶段要尽快改变"一省一费"的粗放模式，推进农业保险精准化。一是从三大主粮完全成本和收入保险试点县开始，试点县要全面实施农业保险风险区划工作。参照国家相关部委发布的农业生产风险地图和农业保险纯风险费率表来合理确定县级风险等级，有条件的县可参照内蒙古扎鲁特旗或托克托县的做法（根据被保险标的生产条件分为水田和旱地，然后根据各乡镇（苏木）的土壤墒情、气候条件等因素将旗县分为南部、中部和北部，或根据土地肥力情况分为1~5等地，最终将全旗县分为6个风险区），可将风险等级细化到相同风险条件的乡镇。二是要科学厘定费率。根据农业保险风险区划结果，结合以往农业保险赔付情况合理确定保险费率，不同风险区费率应有差异，同一风险区采用统一费率，费率水平原则上要精确到小数点后两位。三是要合理确定保额。完全成本保险保额原则上应以县为单位分别确定，保险金额不能超过当年相应品种产值的80%，具体测算依据为国家发展改革委《全国农产品成本收益资料汇编》或本省物价部门、农业农村部门正式发布的当期数据。收入保险保额按照产量乘价格进行测算，其中产量参照过去 5 年历史平均产量确定，价格应依据收获月份的期货价格来确定，保额不能超过当年相应品种预期收入的 80%。

（四）提升农业保险科技化水平

科技是推动农业保险精细化和精准化不可或缺的力量。现阶段我国农业保险与现代科技深度融合还不足，还处于应用的初级阶段。建议：一是从我国实际出发，先行构建省级农险大数据管理与服务平台。政府要加快农业保险大数据战略规划和统筹部署，加快完善数据治理机制，可借鉴北京市和山东省建立农业保险管理信息平台的经验和做法，汇集省内农业保险业务数据和财政、农业农村、保险监管、林业草原等相关部门涉农数据和信息，待条件成熟后再逐步实现全国农业保险大数据集中，建立健全跨地区、跨部门、跨层级的数据整合和共享机制，实现大数据资源有机整合与深度利用。二是政府要加强农业保险大数据分析挖掘。可借鉴河南省财政厅通过卫星遥感数据与保险业务数据的分析比对来审核保费补贴真实性的做法，基于农业保险大数据资源，运用现代科技手段，通过设定规则分析、多源数据交叉校验、智能化监测检验和模型分析，识别并制止重复投保、虚假承保和协议理赔等违规行为，有效甄别高风险区域和交易，追踪农业保费补贴状况，提高农业保险监管的及时性和准确性。三是推进农业保险机构"线上+线下"一体化网络服务体系建设。要在支持保险机构建立健全基层农业保险服务网点，发挥线下资源优势的同时，充分运用信息技术与互联网资源加强线上服务，构筑线上线下一体化的经营服务模式，延长网络服务渠道，扩大网络服务范围，并通过"线上"远程服务方式，开辟服务触达农户的全新途径，使服务下沉到村舍和分散的农户，提高农业保险服务水平。四是加大农业保险业务经营中科技应用力度。鼓励保险机构在农业保险承保理赔实践中以更大力度运用无人机、卫星遥感等科技手段来提高精准性，要特别关注勘损环节出险面积和灾损程度科技测度的准确性和及时性问题，政府部门要协调有关方面，解决好遥感影像反演解析、无人机影像拼接和灾害等级评估等关键技术的应用，提高农业保险灾损科技评估结果的权威性和认可度。

（五） 加快制定农业保险查勘定损技术规范

查勘定损是调研中地方反映的一个焦点，主要有两方面的突出问题，一是缺乏一个具有操作性的灾损评定标准，二是查勘定损人员素质参差不齐，灾损评估结果农民往往不认可，容易发生纠纷。建议：一是在中央部委层面尽快出台新的农业保险承保理赔管理办法，制定农业保险查勘定损业务操作流程规范；二是县级应以农业部门为主研究制定适合本地区的农业保险核灾定损技术指南或操作手册；三是要规范农业保险查勘定损队伍建设，人员应由政府部门进行审定，组织开展相关技术培训，合格后颁发相关资格证书，提高其定损的权威性。

专题三：农业保险新型经营主体参与率及获得感分析

新型农业经营主体是未来农业规模化经营的主力军，也是农业保险需要特别关注的一类群体，但是新型农业经营主体参与率低、获得感不强一直是集中反映的一项问题。本专题利用 2020 年 10 月 11373 份新型农业经营主体农村金融保险需求的在线调研数据①，从参保情况、未连续投保、保险损失补偿评价以及期望改进方向等四个方面，对新型农业经营主体的农业保险参与率和获得感进行分析，旨在从农业生产者角度揭示我国农业保险的保障情况，为后期农业保险政策和方案的优化提供依据。

一、参保情况

（一）总体参保率不足五成，经济作物参保率最低

在收集的 11373 份问卷中，参与农业保险的 5170 份，占比 45.46%，未参加农业保险的 6203 份，占比 54.54%，调研样本整体参保率不足五成。在投保方式上，新型农业经营主体以村集体统一投保为主，占比 49.88%，直接向保险公司投保也是新型农业生产主体的主要参保方式，占比为 40.91%，此外还有通过保险代理人或经纪人投保以及其他投保方式。不同品种保险的参保率差异明显（见图 3-1），粮食作物中大豆生产者投保率最高（75%）、玉米最低（60%），且种植规模与参保率呈正相关关系，规模化越大投保率越高；生猪养殖大户的投保率也较高（62%），但养殖规模和参保率呈现倒 U 形关系，中等规模养殖户的投保率要高于小规模生产者和

① 该数据来自 2020 年 10 月 30 日通过农业农村部新型农业经营主体信息直报系统，对系统内用户开展的农业农村金融保险需求在线调研，问卷涉及信贷和保险两个方面共 22 个问题。调研回收问卷 11373 份，回收率 9.26%，调研人群包括 31 个省（自治区、直辖市）的种植大户、家庭农场、专业合作社和龙头企业。

大规模养殖者，这可能和大型养殖场养殖水平高、生物安全防控好以及我国生猪保险领域价格类保险较多有关；经济作物生产者投保率最低，蔬菜和水果保险参保率仅为 22% 左右，这可能和经济作物价值高，保额和生产者预期差异大以及保险中央财政补贴力度小有关。

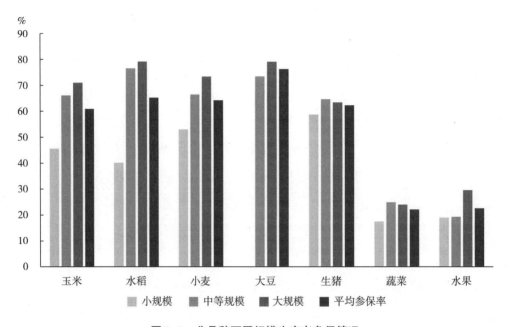

图 3-1　分品种不同规模生产者参保情况

注：种植业小、中、大规模种植面积依次为 0～99 亩、100～499 亩和 500 亩以上；养殖业小、中、大规模出栏数量依次为 0～999 头、1000～4999 头和 5000 头以上。

（二）多数省份参保率在 40%~60%，农业大省相对较高

调查问卷分析显示，上海、黑龙江、内蒙古和江苏的参保率分别为 71.9%、69.07%、65.07% 和 64.33%，以超过 60% 的参保率位列全国参保情况的第一梯队，而且上述四省（市）除上海市外均为产粮大省；宁夏、安徽、吉林等 13 个省份以 40%～60% 的参保率位列第二梯队，处于这一参保水平的省份最多，与全国整体的参保情况比较接近；浙江、山西、贵州等 11 个省份以低于 40% 的参保率位列第三梯队，除湖北省和江西省外，其余 9 省粮食产粮占比相对较低，地区生产结构与中央补贴品种不一致可能是造成这一现象的原因，然而作为产粮大省的湖北却仅有 22.15% 的参保率。各省的参保率情况如图 3-2 所示。

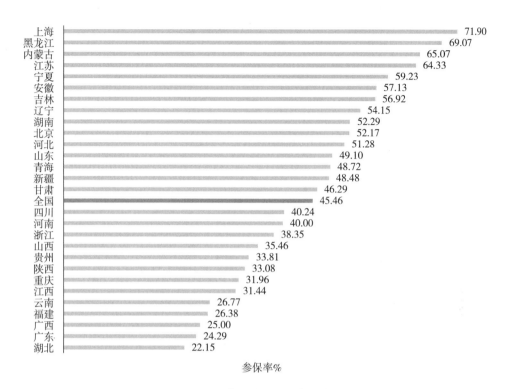

图 3-2 分省份农业保险参保情况

(三) 保险品种少是新型农业经营主体未参保的主要原因

6203 份未投保生产者中因保险品种少，不能满足农民风险保障需求，导致未参与农业保险的占比 45.27%，是未能参保的首要原因，暴露出我国农业保险在"增品"方面仍存在短板，"以奖代补"工作需要加大力度；因保险获赔金额少和不需要农业保险导致未参保的分别占比 15.54% 和 10.49%，对保险公司服务不满意，保费较高也是导致新型农业经营主体未参保的原因。需要特别说明的是，大约有 890 份问卷在其他未参保原因中反映不了解农业保险政策，不知道通过何种途径参与农业保险，甚至不知道农业生产可以参加保险的也是未能参保的重要原因，占比 14.35%，这一比例虽然不高，却是农业生产者在其他未参保原因自主反映最集中的原因，需要给予高度重视（见图 3-3）。

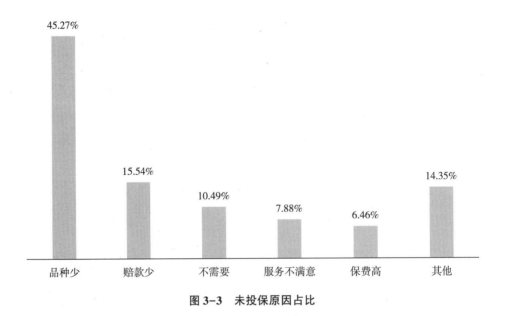

图 3-3   未投保原因占比

二、未连续投保情况

（一）近八成新型农业经营主体曾中断投保

5170 位参保户中有 4038 户出现过中断投保的行为，占比 78.1%，未连续投保现象普遍存在。分品种看，9 个品种中种植业中断投保率 80.5%，高于养殖业的 72.1%。可能原因有二：一是种植业生产者对短期气候和天气的预判能力更强，相对来讲侥幸心理和逆选择问题可能更为严重；二是种植业查勘定损过程更为复杂，理赔争议更为普遍。相比而言，养殖业保险双方对损失情况以及理赔金额的确定比较容易形成统一的意见，因此相对于种植业而言，养殖业的中断投保率较低（见图 3-4）。

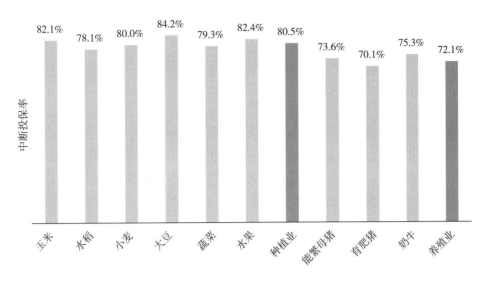

图 3-4　分品种中断投保率

（二）获赔金额较少是未连续投保的最主要原因

4038 户未连续参保的新型农业经营主体中，因保险获赔金额较少导致中断投保的 1891 份，占未连续投保样本总数的 46.8%，是未连续投保的主要原因；因可保品种少，对保险公司服务不满意导致未连续投保的分别占比 25.46% 和 17.98%。认为没有必要购买农业保险的在未连续投保原因中占比最小，可以看出购买过农业保险的绝大多数生产者认为农业生产有必要进行风险保障，保费偏高的问题主要源于未纳入中央财政补贴范围内的特色产品，如蔬菜、水果和水产等（见图 3-5）。

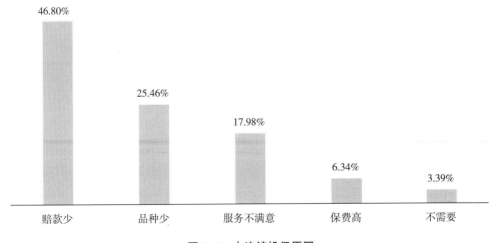

图 3-5　未连续投保原因

（三）可保品种少是未连续投保的第二个原因

分省份看，大部分省份新型农业经营主体未连续投保的主要原因仍是保险获赔金额较少，个别地区的主要原因是保险品种较少。此外，随着各地区粮食产量占比的升高，因保险获赔金额较少导致未连续投保的比例呈上升趋势，占比从30%上升至60%左右，因可保品种较少导致未连续投保的比例呈下降趋势，占比从35%下降至25%左右。产粮大省可能因生产结构简单的原因，现有的保险产品已经可以满足农业风险管理的需要，对可保品种的增加并没有过高的要求，而是更看重农业保险的灾后损失补偿能力，因获赔金额较低而放弃参保的比例相对更高（见图3-6）。

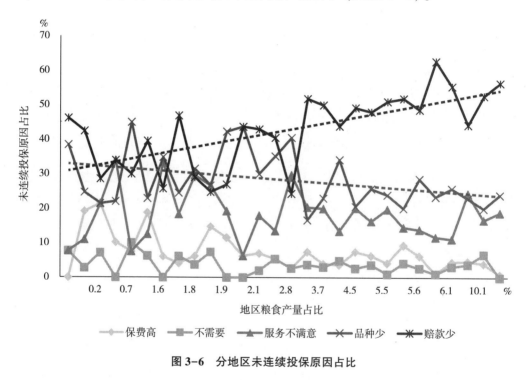

图3-6　分地区未连续投保原因占比

三、对农业保险损失补偿作用的评价

（一）农业保险赔款的损失补偿平均在三成左右

就全国整体情况而言，农业保险赔付额仅占农业生产损失的30.67%，在保障新型农业经营主体生产风险，促进复产复播复种，稳定参保积极性等方面作用有限。新疆、青海和北京分别以42%、41.11%和39.52%的农业保险损失补偿能力位列全国前三甲，8个省份高于全国平均水平。我国两个粮食生产大省（区）——吉林和内蒙古农业保险损失补偿能力最低，分别为21.39%和23.84%，另外1个农业生产大省黑龙江省农业保险损失补偿能力也不高，仅为25.99%左右，排名倒数第四。农业大省的农业保险损失补偿能力不足，严重挫伤了农业大省的农业生产者投保积极性。例如吉林94名未连续投保的农户中有59名选择中断投保的原因是由于保险赔款太少，占比59.4%；内蒙古192名未连续投保的农户中有98名选择中断投保的原因是由于保险赔款太少，占比51.04%。各省份的保险损失补偿率情况如图3-7所示。

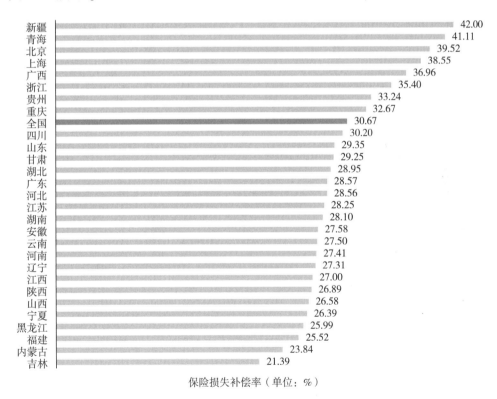

保险损失补偿率（单位：%）

图3-7 分省份农业保险损失补偿率

（二）新型经营主体对保险损失补偿评价畜牧业高于种植业

分品种而言，畜牧业保险损失补偿能力较强，产业平均为35.5%，奶牛保险以45.71%的损失补偿能力位居九大品种中的首位，同为畜牧业的育肥猪保险和能繁母猪保险分别为31.4%和29.3%，畜牧业保险内部的损失补偿能力存在差异；经济作物中蔬菜保险的损失补偿能力高于水果，在九大品种中居于第二位；三大主粮作物保险损失补偿能力差别不大，平均为27.5%，高于豆类保险3个百分点（见图3-8）。

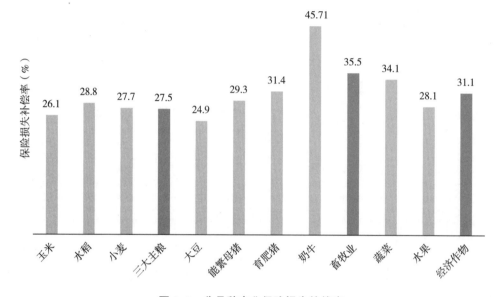

图 3-8　分品种农业保险损失补偿率

（三）粮食产量越高新型经营主体对保险损失补偿评价越低

对从事不同农产品生产的生产经营主体对农业保险损失补偿作用的评价，按照其所在省份的产值占比进行分类，分析发现：种植业品种，如玉米、水稻、小麦、蔬菜和水果的生产者对保险损失补偿作用的评价与其所在省份的产能呈负相关关系，即某标的的产量大省、种植业生产者对农业保险损失补偿作用的评价越低。与之相反，养殖业，如能繁母猪和育肥猪生产者对农业保险损失补偿作用的评价和所在省份的产能呈正相关关系，即生猪主产区的损失补偿能力相对较高。这一点和《中国农业保险保障研究报告2019》揭示出的协议理赔问题在种植业中更吻合（见图3-9）。

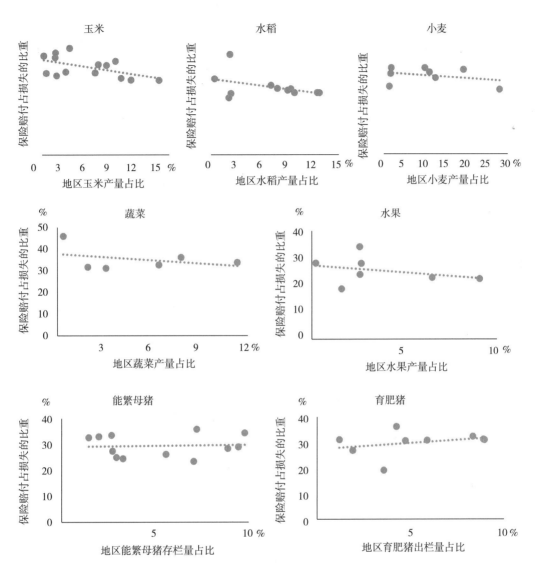

图3-9　分地区各品种农业保险损失补偿情况

四、对改进和完善农业保险的建议

（一）"提高保额、科学定损、增加品种"是三个主要期望

我国农业保险发展至今，一直遵循着"低保障、广覆盖"的原则，农业保险保额原则上以农业生产的物化成本投入为依据进行确定。但随着土地流转的加快和农业生产成本的提高，物化成本保险愈发难以满足广大农

民尤其是新型经营主体的风险保障需求。在11373份问卷中，近半数（5655份）要求提高农业保险保额，这说明提高农业保险保额成为农业生产者最为迫切的需求。除此之外，建议公平科学定损，增加可保品种，加快承保理赔速度，希望有效保障市场价格风险以及可以自主选择保险公司的分别占比34.91%、24.61%、23.36%、23.27%和19.92%。"增品"主要围绕肉牛、水产、畜禽、水果蔬菜等特色农产品。同时，一些农业生产者也表示农业保险政策消息闭塞，希望投保却找不到门路，希望可以提高对农业保险的宣传力度（见图3-10）。

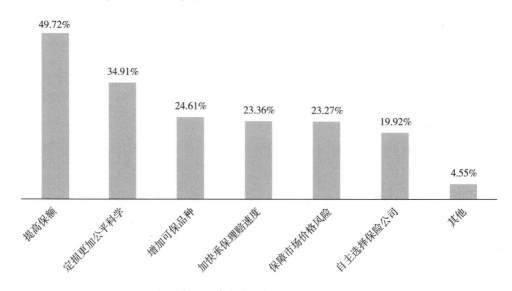

图3-10 新型农业经营主体对农业保险发展方向的建议比重

（二）种植业生产者对"提高保额、科学定损"的期望较高

种养两业对提高保额的期望分别占比52.1%和50.3%，位列各产业的首位，产业间相差不大。但是，种植业对科学公平定损的要求高出养殖业近10个百分点，主要原因可能是种植业复杂的查勘定损过程容易造成保险双方的理赔纠纷，严重影响了新型农业经营主体的获得感。此外，种植业对保障市场价格风险的期望以24.6%的占比超过增加可保品种，位列第三，而养殖业则将更多的注意力投向增加可保品种。可能的原因是养殖业纳入中央财政补贴范围的品种仅有能繁母猪、育肥猪、奶牛以及藏区品种，以肉牛、肉羊、家禽、水产等为保险标的的产品因为缺乏中央财政补贴开发

较少，"以奖代补"政策也因设置申报数量的限制未能充分发挥作用。相对而言，种植业品种纳入中央财政补贴范围的较多，而且除三大粮食作物外，其他种植品种市场价格波动剧烈，新型农业经营主体在利用科技手段有效防灾减损的前提下，更希望获得比较稳定的价格预期（见图3-11）。

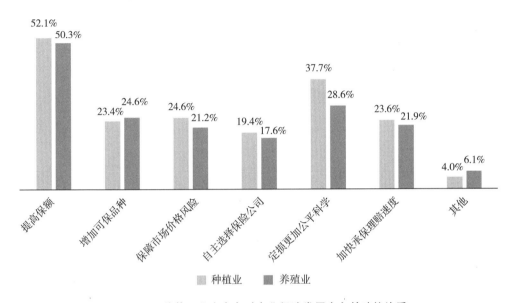

图3-11　种养两业生产者对农业保险发展方向的建议比重

（三）未连续投保者对"承保理赔速度"有较高要求

连续参保和未连续参保生产者的期望比较一致，除提高保额外，对农业保险服务也提出了更高的要求，希望科学公平定损和加快承保理赔速度的建议分别位列第二和第三，增加可保品种对这两类生产者的吸引力并不大，说明对于已经参加过农业保险的生产者而言，当地已有的保险产品已经能够满足他们的风险管理需求，而保障水平，查勘定损的公平性以及理赔的快捷性是这类群体更为关心的选项。与之不同的是，除期望提高保额和公平定损外，未参保生产者对增加可保品种有更高的要求，在改进建议中占比是上述其他两类生产者的2倍，说明在一些地区"增品"工作还需要围绕肉牛、水产、畜禽、水果蔬菜等特色农产品继续推进（见图3-12）。此外，一些农业生产者在其他农业保险改进建议中也表示农业保险政策消息闭塞，想要投保却找不到门路，希望可以提高对农业保险的宣传力度。

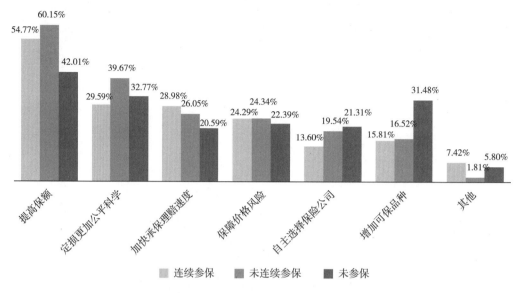

图 3-12　不同类型生产者对农业保险发展方向的建议比重

（四）产粮大省生产者对农业保险科学定损的期望更高

通过对占比前三位的改进方向进行分地区分析，各地区新型农业经营主体对提高保险保额的建议平均占比 50% 左右，是否为产粮大省在这一建议的占比上没有显著区别，说明提高保险保额是全国新型农业经营主体普遍期望农业保险改进的方向。但是，随着地区粮食产量占比的升高，产粮大省相比于非产粮大省对公平科学定损提出了更高的要求，占比从 30% 上升到 40% 左右，科学定损成为了粮食主产省较为关注的一个改进方向，对增加可保品种的建议呈下降趋势，占比从 30% 下降为 20% 左右，说明粮食主产省的生产者可能因生产结构相对单一，现有保险产品已经能够满足风险保障需求，更希望针对已有可保品种完善保险产品设计和保险服务体系（见图 3-13）。

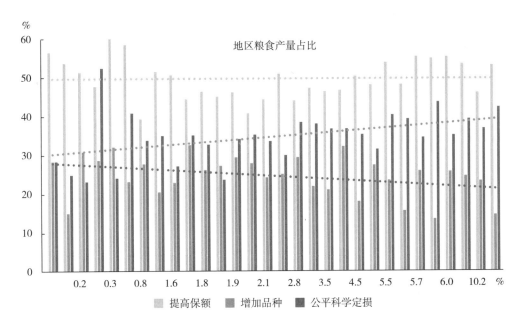

图 3-13　不同地区生产者对农业保险发展方向的建议比重

五、启示和对策建议

从本次调研的数据分析结果看，新型经营主体对农业保险的期望和评价总体符合预期，进一步印证了以往我们对中国农业保险的分析结论和判断，非常具有借鉴意义。为提升新型经营主体农业保险的参与率和获得感，提高农业保险产品的内在吸引力，提出以下四点建议。

（一）扩大"以奖代补"试点范围

目前，我国农业保险的主体是中央财政提供补贴的粮棉油糖、生猪、奶牛等 16 种大宗农产品，数量众多的地方特色农产品并不在中央财政补贴范围之内，甚至都没有纳入农业保险保障范围之内。在本次调研中，全国竟有半数以上的新型经营主体没有参加农业保险，而未参保的最主要原因是品种少、没有可保的保险品种。2019 年财政部启动了地方特色农产品保险中央财政以奖代补试点，对试点省份特色农产品保险给予以奖代补支持，试点成效显著，一定程度上缓解了这一问题。但目前全国仍有 11 个省份未纳入以奖代补试点范围，且试点省份的试点品种也不超过 3 个，制约了农业保险对地方农业经济发展和农业产业兴旺的支撑和保障作用。在我国"三农"工作重心已历史性转向全面推进乡村振兴的大背景下，如果不给新型农业生产经营主体提供农业保险保障，让其在没有防火墙和安全网的情况下"裸奔"，显然是不合适的。因此，建议扩大中央财政"以奖代补"试点范围，让更多省市从事特色农产品生产的新型经营主体享受到国家政策的关怀，为其农业生产提供风险保障。

（二）持续推进农业保险"提标"工作

保障水平不足一直是我国农业保险的短板，伴随着农业生产成本的上涨以及我国新型农业经营主体的蓬勃发展，农业保险"不解渴、不顶用"的问题广受诟病。本次调研发现，近一半的新型农业经营主体要求提高农业保险保额，对高保障的农业保险产品提出强烈期望。自2017年"大灾保险"试点起，我国持续推进农业保险"提标"工作，对粮食作物而言已经在全国意义上初步构建起了由低保障的"成本保险"、较高保障的"大灾保险"和高保障的"完全成本和收入保险"构成的农业保险体系，三大主粮作物保险多层次的产品供给体系初具雏形，但其他重要农产品和地方特色农产品仍处于成本保险阶段。在"完全成本和收入保险"试点第一阶段取得良好成效的基础上，需要延续发展势头，持续推进三大主粮完全成本保险和收入保险试点，对于其他重要农产品和地方特色农产品，可以探索"政策险+商业险"的更高保障模式。

（三）制定全国农业保险查勘定损技术标准规范

目前，我国农业保险定损工作没有统一的标准，实际操作中难免存在随意性，严重影响了农业保险风险补偿作用的发挥和新型农业经营主体的参保获得感。调研发现，近35%的新型农业经营主体要求公平科学定损，占比仅次于提高保额，保险定损的科学精准性直接影响获赔金额，是需要给予高度重视的一项工作。农业部门可以充分发挥熟悉"三农"业务、掌握大量"三农"数据和体系队伍健全的优势，研究制定全国农业保险查勘定损技术标准规范，使之成为我国农业保险发展的重要基础设施之一，同时开展对基层农业保险专业技术人员培训，建立县乡村三级农业保险查勘定损队伍，提高农民满意度。

（四）加大农业保险宣传力度

《关于加快农业保险高质量发展的指导意见》中指出，要充分保障农业生产者惠农政策知情权，推动农业保险条款通俗化、标准化。但是，自该指导意见出台至今，加强农业保险宣传和开展风险教育培训的工作一直没有实质进展。调研发现，大约有 890 份问卷在其他未参保原因中反映不了解农业保险政策，不知道通过何种途径参与农业保险，甚至不知道农业生产可以参加保险的也是未能参保的重要原因，占比 14.35%，这一比例虽然不高，但这是新型农业经营主体自主反映最集中的原因，需要给予高度重视。一是创新宣传方式。当前互联网已经深入农村地区，充分利用互联网、手机 App、微信公众号等形式，把农业保险的意义、相关保险知识和受益典型案例等制作成通俗易懂的图文或视频，提高基础保险的普及范围。二是采取分区分片集中培训。针对大多生产者存在文化水平不高，信息获得渠道有限等现实情况，当地农业部门应协同保险经营单位对新型农业经营主体进行集中培训，更直接有效地讲解农业保险的补贴政策、保险条款、定损理赔原则等，同时听取一线农业生产者的保险需求，不断完善产品设计。

专题四：农业保险保障贡献分析

《中国农业保险保障研究报告2019》提出了从水平、效率和贡献三个维度分析和评价农业保险保障的框架体系。该框架中，保险贡献主要衡量的是农业保险弥补或补偿农业生产者风险损失的程度，可用保险赔款和保险标的风险损失的比值来刻画，但由于缺少保险标的实际风险损失的数据，之前研究采用一段时期的农业保险简单赔付率来间接表示。本专题试图弥补这一缺陷，通过估算保险标的直接风险损失，来计量农业保险对保险标的的保障贡献。

一、思路和方法

保障贡献反映的是农业保险赔款对保险标的风险损失的补偿情况。农业生产者获得的保险补偿程度越高，说明农业保险保障贡献越大。我们利用保险总赔款和保险标的风险总损失之比衡量保障贡献。对该指标进行分解分析，其分子（保险总赔款）可分解为赔付率、保险费率和保障深度的乘积，其分母（风险总损失）和标的总产值之比表示的是纯风险损失率。因此，农业保险的保障贡献可用赔付率、保险费率和保障深度的乘积再除以纯风险损失率的形式来表示。其中，保险费率和纯风险损失率之比实际上就是毛保费和纯费率之比，其值等于保险费率乘数（1+风险附加率）。以上推导过程如公式4-1所示。

$$
保障贡献 = \frac{保险总赔款}{风险总损失} = \frac{\dfrac{保险总赔款}{保费总收入} \times \dfrac{保费总收入}{标的总保额} \times \dfrac{标的总保额}{标的总产值}}{\dfrac{风险总损失}{标的总产值}} \qquad （公式4-1）
$$

$$= \frac{\dfrac{\text{保险总赔款}}{\text{保费总收入}} \times \dfrac{\text{保费总收入}}{\text{标的总保额}} \times \dfrac{\text{标的单位保额} \times \text{承保面积}}{\text{标的单位产值} \times \text{承保面积}}}{\dfrac{\text{风险总损失}}{\text{标的总产值}}}$$

$$= \frac{\text{赔付率} \times \text{保险费率} \times \text{保障深度}}{\text{纯风险损失率}}$$

$$= \text{赔付率} \times (1+\text{风险附加率}) \times \text{名义保障（保障深度）}$$

公式 4-1 中，保险费率乘数理论上应是一个常数，如果费率精算的话其值应该近似于 1.2。按照大数法则，长期赔付率理论上也应是一个常数。因此，从理论上讲，农业保险的保障贡献高低应当与农业保险的保障深度（即名义保障）呈严格的正相关关系，换言之，理想状态下名义保障即可完全决定保障贡献。但在实际中，赔付率和保险费率乘数都可能出现波动。因此，在农业保险风险保障程度分析中，既要分析名义保障，也要分析实际贡献。

如公式 4-1 所示，计算保障贡献，需要用到赔付率、保险费率、保障深度和纯风险损失率，其中赔付率、保险费率和保障深度均有成熟的计算方法，而计算与农业保险相匹配的纯风险损失率，则存在一定难度。造成这种困难的关键在于，农业保险的理赔工作是按保单进行的。因此，只要保单标的的实际平均单产低于期望单产，就需要被认定为出现损失。损失可以利用农业统计数据测算，但如果使用县级数据，就是全县平均单产的风险，如果使用市级数据，就是全市平均单产的风险。这些更大空间尺度下的平均单产风险，会将保单尺度下的实际风险正负平均抵消一部分，造成对保险赔付风险的低估。这种随风险单元空间尺度大小不同而导致风险大小变化的效应，称为空间尺度效应。

为解决这一问题，本专题提出并使用了一种基于"细胞分裂"的农业风险变尺度估计方法。该方法基于市级历史单产数据，通过"细胞合并"（反向"细胞分裂"）的方式，计算风险单元在"细胞分裂"中产生的空间尺度效应程度。再使用"细胞分裂"的方式，计算不同尺度风险单元下的农业风险，找到与农业保险保单的空间尺度相对应的农业风险水平。最后，除以期望单产，得到与农业保险保单相匹配的纯风险损失率。"细胞分裂"的过程如图 4-1 所示。

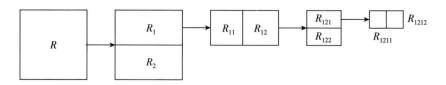

图 4-1 农业风险损失估计降尺度"分裂"示意图

二、主要结果

以三大主粮为例，每种粮食作物各选 2 个代表性省份。综合考虑地域、数据和代表性等因素，选择了安徽、河南的小麦，河南、黑龙江的玉米和黑龙江、海南的水稻为研究对象。其中，安徽、河南小麦种植面积在全国分别排第三和第一，两省主要种植区相邻；河南、黑龙江玉米种植面积在全国分别排第四和第一，河南主要种植的是夏玉米，黑龙江主要种植的是春玉米；黑龙江是水稻种植大省，域内水稻主要种植品种为一季的粳稻，海南主要种植的水稻品种为两季的籼稻。

以 2015 年分界线[①]，将 2010—2019 年这十年分成前五年和后五年两个时间段。根据课题组以往的数据，分别计算了前后两个五年的平均保障深度、平均保险费率和平均赔付率；根据各省统计年鉴中三大主粮的历史产量数据，按上述方法测算各省对应作物村级尺度近十年平均纯风险损失率和前后两个五年三大主粮作物保险的平均保障贡献，并将保障贡献数据与新型农业经营主体农村金融保险需求在线调研所得参保农户方主观感受的农业保险赔款占其主粮作物风险损失比例数据进行对比。相关结果如表 4-1 所示。

---

① 2015 年，保监会、财政部、农业部联合印发的《关于进一步完善中央财政保费补贴型农业保险产品条款拟订工作的通知》中明确要求扩大保险责任、提高保障程度、取消理赔时的绝对免赔条款。

表 4-1　部分省份三大主粮作物保险保障贡献及其分解　　　　　　　　单位:%

属性 粮作物	2010—2014				2015—2019				保障 贡献 评价*	村级尺度 近十年平 均纯风险 损失率
	平均保 障贡献	平均保 障深度	平均保 险费率	平均赔 付率	平均保 障贡献	平均保 障深度	平均保 险费率	平均赔 付率		
安徽小麦	26.2	33.2	4.3	58.0	32.8	36.0	4.5	64.9	26.4	3.2
河南小麦	19.7	40.7	5.8	37.9	23.7	43.8	5.7	42.8	22.4	4.5
河南玉米	18.0	39.0	5.9	50.0	28.8	56.8	6.1	53.0	26.1	6.4
黑龙江玉米	20.2	32.1	10.1	73.3	36.6	46.2	8.9	104.5	21.8	11.7
黑龙江水稻	14.0	33.0	7.0	52.0	21.6	39.4	6.0	78.8	27.1	8.6
海南水稻	4.6	22.3	5.5	19.7	53.9	36.2	5.9	137.8	—	5.5

注：* 保障贡献评价，指的是调研所得参保农户方主观感受的近些年农业保险赔款占其主粮作物风险损失比例数据。海南水稻由于缺乏足够的问卷反馈，故保障贡献评价空缺。

从表 4-1 可以看出，（1）大多农户主观感受的农业保险对其投保的主粮作物保障贡献在三成左右（见专题三），本方法测算的保障贡献与之接近，说明，"细胞分裂"方法有效解决了纯风险损失率的空间尺度效应问题；（2）对比测算的前后两个五年保障贡献数据，农业保险对三大主粮作物的平均保障贡献呈上升趋势，这是保障深度、保险费率乘数和赔付率共同作用的结果。小麦的平均保障贡献增幅最缓，海南水稻平均保障贡献增幅最高，其中，安徽、河南两省小麦平均保障贡献增幅均约为两到三成；河南、黑龙江两省玉米平均保障贡献增幅分别约为六成和八成；黑龙江水稻平均保障贡献增幅超五成，海南水稻 2015—2019 年平均保障贡献约是 2011—2014 年平均保障贡献的 11.7 倍。

图 4-2 进一步展示了保障深度、保险费率乘数和赔付率对农业保险保障贡献的影响程度。可以明显地看出：第一，保障贡献的提升主要来自保障深度和赔付率的提升，二者对保障贡献均呈正向影响，其中，对小麦和水稻保障贡献提升影响程度最大的均是赔付率，而对玉米保障贡献提升影响程度最大的则是保障深度；保险费率乘数对保障贡献增长的影响作用相对较小。第二，黑龙江玉米和水稻保险的平均费率均低于纯风险损失率，且呈下降趋势，降幅均超过一成，但近五年平均保障贡献相对其他省份而言差异不大（如表 4-1 所示）。

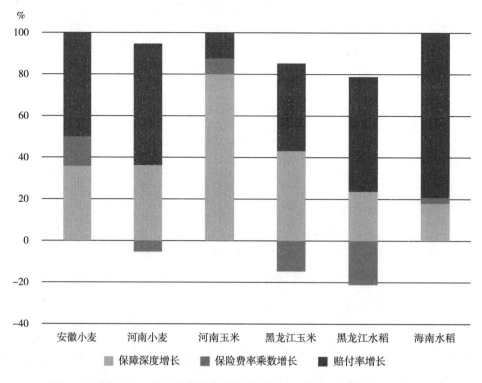

图 4-2 保障深度、保险费率乘数和赔付率对农业保险保障贡献增长的影响

三、结论和建议

根据上述分析，我们得到两点结论：第一，过去十年三大主粮作物保险的保障贡献都有所提升，但仍有很大提升空间。第二，现实中农业保险保障贡献的提升受保障深度（保额）、保险费率（保费）、赔付率（赔款）这三个因素的综合影响，其中任何一个指标的降低都会导致农业保险保障贡献的降低。黑龙江水稻保险费率的负增长，几乎完全抵消了保障深度增长对保障贡献增长的带动效果（如图 4-2 所示）。相关建议是：

1. 要不断提升农业保险的保障深度，即名义保障。保障深度对保障贡献起正向作用，提升保障深度有助于提高农业保险对保险标的风险保障程度，而提升保障深度关键在于提升单位保额。目前，大灾保险、完全成本和收入保险以及"以奖代补"保险三大试点的亩均保额较常规成本保险保额有所提升，但常规成本保险亩均保额仍偏低。应尽快汲取三大保险试点的成功经验，改善常规成本保险保额偏低等短板之处。

2. 要推动农业保险费率的精算程度。科学合理的保险费率是真实足额的保险赔付的基础。相对于传统的财产险，农业保险由于其风险特征的特殊性，更加依赖多元、大量、可靠数据的支撑。然而，我国农业保险不仅承保理赔数据积累少年份较少，早期的一些理赔不规范等问题也严重影响了这些数据的质量，导致部分地区部分品种的费率相对合理性存在较大偏差。因此，根据各地区各作物品种在恰当风险单元尺度下的农业风险损失率来合理、精准厘定保险费率，避免以往不规范承保理赔对保险费率厘定的不良影响，为规范定损和精准理赔提供充足的保费基础，让农业保险做到大损大赔、小损小赔、无损不赔。

专题五：农业保险合同诉讼和承保理赔规范化分析

过去十多年我国农业保险发展迅速，但虚假投保、虚假理赔、套取财政补贴资金等违法违规行为屡禁不止，日益突出，成为社会各界普遍关注的一个重要问题。尽管这些问题最终还是需要依靠政策制度的优化和监管力量的加强加以解决，但农业保险条款和微观运行机制的完善同样必不可少。本专题对 2013—2019 年中国裁判文书网中 572 件农业保险合同诉讼案例进行全面深入的剖析，分析产生这些诉讼的主要原因及启示，旨在为后续规范农业保险承保理赔行为和运行机制提供借鉴。

一、农业保险合同诉讼的总体情况

2013—2019 年审结的所有农业保险合同诉讼案共 572 件，共计 916 份裁判文书，涉及吉林、北京、河北、山东、安徽、湖北、山西、广西、黑龙江、内蒙古和新疆等 11 个省（自治区、直辖市）的 25 个市。原告类别中自然人比例最高，占比 97.73%，其次为公司（1.05%），合作社（0.87%）和家庭农场（0.35%），被告涉及 8 家保险公司。从数量上看我国农业保险合同诉讼呈加剧趋势。2013 年只有 1 起农业保险合同纠纷，到 2016 年纠纷数量达到 122 件，三年间诉讼纠纷增长了 121 倍，而 2018 年诉讼案件达到了 323 件，约是 2016 年纠纷数量的 3 倍，这和我国农民的法律意识和维权意识增强有关。

在 572 件农业保险合同诉讼案件中，一审审结案件 344 件（占比 60%），上诉案件 228 件。一审中，原告胜诉率超过 80%，在原告败诉的 112 起案例中，上诉比例达到 80.36%（112 起），而保险公司上诉比例为 30%，二审法院维持原判的比例高达 91.28%，在 228 件上述案件中只有 20 件改变了一审判决结果。在 572 件农业保险合同诉讼案件中，原被告双方的争议焦点主要集中于事实认定、合同效力、理赔协议效力和免责条款效力四个方面，其中事实认定方面的纠纷最多，占比达 70%，主要涉及合同双方在农业保险投保位置、标的受损程度、赔偿范围和标准等方面的分歧；农业保险合同效力纠纷占 16%，是指农业保险合同是否具有法律效力；理赔协议效力占比 17%，是指被保险人与保险公司签订的协议理赔约定是否具有法律效力；免责条款效力纠纷占 4%，是指在农业保险合同有效的情况下，免除保险公司责任与义务的条款是否具有法律效力。

二、诉讼焦点之一：事实认定

在中国裁判文书网公开的所有农业保险合同纠纷案件中，超过 70% 的案件涉及事实认定的纷争。投保人与保险公司主要在投保面积和投保位置，保险标的物受灾的原因、数量、范围、灾害损失率、赔偿范围与标准，投保标的物之单位换算等事实认定方面存在着较大的分歧。农业保险合同纠纷案件胜败的关键之一在于支持己方诉讼主张的证据是否确实、充分，但由于大部分农民法律意识淡薄和法律专业知识能力有限，在投保标的物受灾时和受灾后不会及时提取和固定证据，在诉讼中往往处于不利的地位。

（一）典型案件 1

案情经过：很多地区在投保农业保险时并非一户一投，而是由村委会或农机站等当地基层政府部门组织各村农民进行集体投保。有些保险公司为了节省成本和提高业务效率，允许保费由投保组织者统一缴纳，保险公司只出具登记了总投保金额、投保总户数、总投保面积的投保单，但无具体分户的保险单。在受灾面积较广且受灾程度较严重时，如何理赔到户成为保险公司合规经营业务的难解之题。2015 年山东省某市某村 309 户农民向保险公司投保玉米种植险，当秋玉米因旱灾大面积绝产时，因农户保险的户数、面积大于总保险单记载的数据，且农机合作社和村委会均无法提供具体分户投保清单，致使保险公司迟迟不能理赔到户，农户向法院起诉。

判决结果：保险公司承担没有核实投保标的数量与位置的责任，只要能够出示耕地权属证、农村土地承包合同、土地承包手续等合法凭证的原告农户，保险公司均承担保险赔偿责任。

案件分析：农机站曾承诺，只要在该站购买物资即由农机站向保险公司统一投保且负责缴纳保费。但农机站并未向保险公司提供在该合作社购买过物资的农户清单，因此，谁有资格获得保险公司赔偿及投保亩数成为法院判断的焦点。

如何确定被保险人和投保亩数。在投保人详细清单无法补充且实际耕种面积无法核实时，法院以耕地权属证、农村土地承包合同、土地承包手续等合法凭证确定投保人和被保险人身份，依据当地农作物种植经验以当年小麦种植亩数预估秋玉米投保亩数。虽然这样的确权方案使理赔总亩数大于秋玉米保险合同载明的投保亩数，但因保险公司在缔结合同时存在严重过错，故应当承担不利后果。

案件启示：（1）农户承包他人的土地进行耕种时，应当签订书面的土地承保经营合同，以书面的合法凭证保障自己的权益。

（2）保险公司应当按照各项法律法规等制度合法合规经营，在缔结合同时存在严重过错时，应当主动承担相应的赔偿责任。

（3）监管制度应当完善农业保险合同的监督流程，实现动态监管，降低保险公司违法违规经营的概率。

（二）典型案件 2

案情经过：2016 年北京市农户岳××在保险公司投保了梨树保险。9 月 27 日凌晨开始发生 6 级以上大风，吹落部分梨果，9 月 27 日上午保险公司人员勘察了受灾现场；大风持续到 9 月 27 日晚间，9 月 28 日保险公司拒绝再次到受灾现场查勘定损。原告农户认为梨落损失在 60% 以上，提交了保险记录、梨种植保险定损及理算结果公示明细表、气象凭证、加盖村委会公章的原告梨树落果情况说明。保险公司认为损失率为 6%，系根据北京市农村工作委员会制定的《北京市 2016 年政策性农业保险统颁条款之 7 梨树种植保险条款》（以下简称《梨种植保险条款》）规定方法计算得出，并提交了查勘定损照片、无记录人及查勘参与人签名确认的查勘定损记录。

判决结果：保险公司按照损失率 60% 计算赔偿金，但鉴于原告农户未积极采取措施防止损失进一步扩大，落果全部烂在地里，在赔偿金中酌情扣减落果的残余价值（按照每千克 1 元计算残余价值）。

案件分析： 本案的争议焦点有两个，一是保险公司拒绝前往保险事故现场再次查勘的理由是否正当，二是梨落损失率如何确定。对于第一个问题，根据《梨种植保险条款》关于赔偿处理的约定，在发生损失后难以立即确定损失程度的情况下，可实行多次查勘一次定损。9月27日下午大风持续在刮，且风力仍达到6级以上，岳××以持续风力导致梨树损失持续加大为由，拨打电话要求保险公司再次到现场查勘梨树受损情况，那么在梨落损失还未最终确定的情况下，岳××主张保险公司到事故现场再次查勘，属于保险事故理赔程序中的合理要求，应当给予满足。对于第二个问题，保险公司9月27日上午前往事故现场查勘定损一次，查勘完毕后并未立即制作现场查勘报告对查勘情况及定损结论予以说明，岳××对保险公司此后形成的定损结果不认可亦未签字确认。保险公司当庭提交的查勘工作记录，该份材料书写较随意，记录内容简化且无记录人、查勘参与人的签名确认，该工作记录不能视为书面查勘报告，法院亦不认可其真实性和关联性。而且，保险公司仅以事故当日上午的查勘情况定损，忽视了下午持续6级以上风力对梨树落果的致害性，该定损依据缺乏合理性。此外，岳××提交了×××村开具的证明以及岳××的证人证言，用以证明涉案梨树受损达60%以上，保险公司对该受损率不予认可，但未提交相反证据。果木种植具有季节性特点，其查勘、定损工作只能在特定期限内完成，岳××一方在保险事故发生后的24小时内履行了向保险公司报案的义务，保险公司查勘后并未出具现场查勘报告，保险公司的上述行为致使在本案诉讼过程中无法对涉案梨树受损程度是否达到60%以上以及与事故当日天气之间的因果关系进行司法鉴定，因此，根据双方举证责任及举证情况，法院推定岳××主张的梨树受损率达60%及以上的事实存在。

案件启示：（1）农户应当在查勘定损现场获知查勘定损结果，如果对查勘定损结果不满意，应当拒绝在查勘定损报告上签字，并用手机等设备记录受灾现场，保存证据，以备在今后可能的诉讼中保障自己的合法权益。

（2）保险公司应当规范内部查勘定损流程，监督工作人员严格按照工作流程开展业务，保障保险公司的合法权益。

（3）监管制度应当完善农业保险查勘定损的监督流程，实现动态监管，降低保险公司违法违规经营的概率。

（三）典型案件 3

案情经过：张××等农户于 2015 年 5 月 20 日与保险公司签订了农业保险合同，保险费用每坰地按 40 元缴纳。由于厄尔尼诺现象影响严重减产，经保险公司考察后做出了每坰地赔偿 1950 元的决定。在领取赔偿金的时候，张××等投保农户才知道保险公司按照 15 亩＝1 坰地（公顷）国际惯例计算赔偿金额，但当地农户常年的习惯是 10 亩＝1 坰地（公顷）。

判决结果：按照当地常年形成的生活习惯进行单位换算。

案件分析：本案的争议焦点为亩与公顷（坰）的换算单位。保险公司按照国际惯例，以 15 亩＝1 公顷（坰）进行理赔，但当地交易习惯是 10 亩＝1 公顷（坰），从哪个角度对农业保险合同格式条款进行解释成为影响诉讼结果的关键因素。保险公司认为，国际惯例 15 亩＝1 公顷（坰）虽然是格式条款，但不存在不明确，不应当适用《保险法》第三十条"采用保险人提供的格式条款订立的保险合同，保险人与投保人、被保险人或者受益人对合同条款有争议的，应当按照通常理解予以解释。对合同条款有两种以上解释的，人民法院或者仲裁机构应当作出有利于被保险人和受益人的解释"的规定。但一审法院和二审法院认为，10 亩＝1 公顷（坰）已经是当地多年的交易习惯，与其他地区通常理解不同。在存在两种以上解释时，应当按照有利于被保险人农户的解释。

案件启示：保险公司应当熟悉当地交易习惯，要么参照免责条款的要求履行提示和明确告知义务，要么按照当地交易习惯修改格式条款，以减少合同纠纷，维护合同双方当事人的权益。

三、诉讼焦点之二：合同效力

农业保险合同是否成立且生效是司法实践中投保农户和保险机构分歧最严重的争议之一，占所有诉讼的 16.08%。农业保险合同是固定农户与保险人权利义务关系的凭证，更是各级政府拨付财政资金的依据。不同于一般商业保险合同，农业保险合同除了涉及保险机构及参保农户的权益外，更牵涉到社会公共利益。因此，对农业保险合同效力的判决表面上是法律适用的技术，深层次上则是公私利益的权衡过程。

（一）典型案件1

案情经过： 2018年原告农民承包其他农民的土地，与其他村民一起向保险公司集体投保并缴纳了保费，但是保险公司公示的被保险人名单中未有原告的姓名。当年发生冰雹导致农田颗粒无收，同村其他村民投保的保险均得到赔付，保险公司拒绝向原告村民进行赔付，理由是原告村民未提交土地流转合同，导致保险合同未成立未生效。

判决结果： 法院判决农业保险合同未成立未生效，驳回原告农民保险赔偿的诉讼请求。

案件分析： 根据《保险法》第十三条规定，"投保人提出保险要求，经保险人同意承保，保险合同成立。"《农业保险条例》第十条规定，"由农业生产经营组织、村民委员会等单位组织农民投保的，保险机构应当在订立农业保险合同时，制定投保清单，详细列明被保险人的投保信息，并由被保险人签字确认。保险机构应当将承保情况予以公示。"因此，农业保险合同成立除了一般要件外，还需要满足两个要件。第一是保险公司同意承保，第二是集体投保的，保险公司应当制作投保清单并予以公示。根据案情得知，原告农户李××向代理人乡政府提交的资料不完整，缺少书面承包地流转合同，因此被告保险公司未予承保，且承保清单和公示名单中均未列明原告农户李××。由此判断，农业保险合同因缺少成立要件而未成立，故而也未生效。

案件启示： （1）农户应当及时关注农业保险公示信息，如有异议，应当在公示期内主动联系保险公司了解情况。如果是承包其他人的土地，应当签订书面土地经营权流转合同，做到合法合规经营。

（2）保险公司应当在农业保险公示期内主动联系拒绝承保的农户，详细说明拒绝承保的理由，给农户以补正材料的机会。

（3）监管制度应当完善保险公司拒绝承保后退还农户已交保险金期限的条款。

（二）典型案件2

案情经过： 2015年原告农民与被告保险公司签订了玉米种植保险合同，

原告农民缴纳了个人应承担的保费。但是，当地财政局认为该村投保面积严重高于实际种植面积，存在虚假投保的情况，按照投保日期在前、投保亩数与实际亩数相近等原则发放财政补贴，将原告等 366 户投保的 9604 亩在财政补贴范围中剔除。因此，原告农民与保险公司并未获得财政补贴资金。原告农民种植的玉米因旱灾受损后，保险公司认为保险合同未生效、不应进行赔偿，但出于同情农户按照足额保险金的 20% 进行了赔付。

判决结果：农业保险合同不违反法律法规效力性强制性规定，合同有效。但是原告及保险公司未获得政府财政补贴，原告农户只能获得已缴纳 20% 保费相应部分的保险赔偿金。

案件分析：虽然农业保险合同不同于商业保险合同，但只要农业保险合同不违反《农业保险条例》《保险法》《合同法》（现《民法典》合同编）的效力性强制性规定且符合合同成立的要件，就属于有效合同。原告农户无法获得全额保险金的赔偿，是因为原告农户所在村存在严重的以虚构或者虚增保险标的方式骗取农业保险保费补贴的情况。当地财政部门按照投保日期在先的原则确定财政补贴范围，将原告等 366 户剔出。但是，该种确定补贴范围的方法并不能说明原告等 366 农户存在虚构或虚增投保耕地面积的情形。如果农户确实不存在虚构或虚增投保耕地的情况且希望获得相应的补偿，可以以做出补贴名单的财政机构为被告，向当地法院提起行政诉讼。

案件启示：（1）农户投保应当遵循诚实信用原则，以虚增虚构投保耕地方式骗取农业保险补贴最终是害人害己，无法享受国家财政补贴。

（2）保险公司及代理人应当在承保前认真核查农业保险投保面积及位置，完善内部合规审查细则，杜绝虚假投保承保的情况。

（3）监管制度应当规范与完善政府部门核查农业保险补贴范围与程序的细则，避免简单粗暴地对待骗取农业保险补贴的行为，使国家财政真正补贴到实处。

四、诉讼焦点之三：理赔协议效力

在参保农户与保险公司的农业保险合同诉讼争议中，理赔协议的效力问题成为双方的主要矛盾，占所有诉讼的 17%。我国投保农业保险的大部分耕地规模小、位置偏远且分散，不利于保险机构工作人员逐一查勘和定损。实践中，协议理赔在农业保险实务操作中屡见不鲜，由此带来的农户与保险机构营销服务部理赔协议是否合法有效成为争议的焦点。

典型案件

案情经过： 2013 年×村 87 户农户在保险公司投保了花生成本保险，但在灾害发生后，农户认为在该区域灾害最严重的情况下未得到与邻村相同的定损率与理赔额。经双方协商，保险公司××营销部提出附条件的理赔协议。在×村 87 户农户履行理赔协议约定的条件后，保险公司拒绝履行理赔协议条款，理由是：（1）理赔协议签署方××营销部主体不适格，不具备合同成立和生效的要件；（2）理赔协议是以虚假理赔方式骗取农业保险费补贴的行为，违反了《农业保险条例》第二十三条和《合同法》第五十二条的规定，双方恶意串通骗取保险费的补贴，因此损害国家利益的合同是无效的。

判决结果： 理赔协议有效。（1）理赔协议是保险合同的一部分，也是保险行为；（2）理赔协议基于保险事故，投保人对于保险赔偿标准不予认可的情况下经过磋商而出具，故在没有证据证明存在虚假、虚构事实骗取保险金或者损害国家利益的前提下直接要求运用损害国家利益的条款确认理赔协议无效的诉讼请求不能成立。

案件分析：（1）关于理赔协议表见代理（主体是否适格）的争议。在农业保险业务中，与×村 86 户农户签订农业保险合同的相对方是省分公司，××营销部是省分公司的内部派出业务机构，负责拓展及办理该乡区域内的农业保险业务。因此，××营销部是农业保险业务代理人，省分公司是农业保险业务的被代理人。代理人在对外签订合同的过程中，未按照公司的相关规定进行业务申请并加盖省分公司的公章，而是在省分公司未知情的情况下与参保农户签订理赔协议并加盖了××营销部的业务专用章，超出了代理人的代理权限。代理人超越代理权限对外签订合同的行为是否属于表见代理应是本案的核心要点。表见代理的构成要件包括权利外观、善意相对人、信赖合理性。1）××营销部是否具有权利外观。在×村的农业保险业务经营过程中，保险公司××营销部具体办理省分公司农业保险业务的宣传、承保、查勘定损、理赔等一系列工作，在外观上具有代理省分公司农业保险业务的权利。2）×村87户农户是否为善意第三人。在×村发生自然灾害后，村委会代表该村投保农户向××营销部报案，参与查勘定损、公示、理赔等工作。当得知本村的受灾程度重于邻村但理赔标准却远低于邻村时，村委会积极与××营销部沟通，最终××营销部同意按照邻村的标准予以理赔，双方因此签订了理赔协议。在理赔过程中，农户及村委会按照实际情况向一直负责农业保险业务的××营销部报案，按照实际灾情情况争取公平的理赔标准，一系列行为均能体现投保农户的善意，且不存在任何过失行为。3）农户及村委会信赖××营销部是否具有合理性。××营销部是保险公司的业务派出机构，历年来负责该地区农业保险的宣传、承保、查勘定损、公示、理赔等与农业保险相关的所有业务。当×村参保农户对理赔标准提出异议后，××营销部出具了经双方协商同意的理赔协议。该理赔协商过程符合历年的交易习惯，参保农户对××营销部的信赖具有完全的合理性。因此，××营销部超越代理权限与×村87户农户签订农业保险理赔协议的行为属于表见代理，应当由省分公司承担法律后果。

（2）关于理赔协议内容合法性的争议。此案中，什么是虚假理赔行为成为理赔协议内容是否具有合法性的关键。虚假理赔包含两个方面的内容，一是在不存在保险事故的情况下，通过虚构保险事故或冒用他人保险事故现场进行理赔的行为；二是在存在保险事故的情况下，通过提高受灾程度或损失程度增加保险金赔偿款的行为。二审法院认为只有虚构保险事故事实的行为才属于骗取国家保费补贴的违法行为，但是上诉人保险公司认为，保险赔偿的标准是按照查勘定损报告作出。在查勘定损程序符合技术性要求时，在无相反证据证明查勘定损报告存在错误的情况下，人为大幅提高赔偿标准亦属于虚假理赔的行为。二审法院以保险公司未提交相关证据证明其主张为由，不支持上诉人关于虚假理赔的主张。

该案是否属于虚假地提高理赔标准，保险公司完全有证据予以证明。孙××等87户农户认为×村的灾情和受损程度比邻村严重，但赔偿标准却远低于邻村，主张至少按照不低于邻村的标准进行赔偿。保险公司只要提交邻村和×村的查勘定损报告，法庭通过对比就能公平合理地判断邻村和×村的受损程度是否相似或接近，进而判断是否存在虚假理赔行为。但保险公司未提交相关证据，只能承担举证不能的不利后果。在不能证明存在虚假理赔的情况下，也就不能推导出××营销部工作人员和×村87户农户之间存在恶意串通骗取农业保险保费补贴的行为，因此理赔协议的内容不存在违反合法性的情况，理赔协议也不存在损害国家利益的情况。

案件启示：（1）农户认为理赔标准不符合实际灾损情况时，应当在理赔公示期内提出异议，积极与保险公司协商解决；一旦错过了理赔公示期，维权费用较高，维权周期较长。

（2）保险公司应当以灾损相当或相似情况为基准进行理赔，而非简单地以行政村为基准进行理赔，从而实现保险的损失补偿目的。

（3）监管制度应当完善查勘定损操作细则，加大监督检查的力度，减少不按照实际损失情况进行协议理赔的行为。

五、诉讼焦点之四：免责条款效力

在农业保险合同诉讼中，免责条款效力争议案件占4%。农业保险合同条款具有高度的专业性、技术性、复杂性，加之晦涩的专业术语、笼统的词句、几十页的篇幅等，农户很难准确理解及领会农业保险合同免责条款的全部内容。在法律实务中，农业保险合同常常对免责事项的条款进行拆分，分散于不同的章节中，更不利于农户的全面理解。

典型案件

案情经过：2018年农户房××参加了保险公司的食用菌种植成本保险。由于当年7月极端高温连续12天，使木耳实体自溶分解严重减产，直接造成采摘期延后20天左右。后来8月25日的一场洪水木耳菌袋被冲毁，造成绝产绝收。以上原因使采摘量减收30%左右。但保险公司拒绝赔偿，理由是根据保险条款，保险公司对每次事故的相对免赔率为10%，7月26日至8月15日的采摘比例为10%，房××诉称的保险事故发生于2018年8月25日，最高采摘比例为10%，况且此间进行过采摘，剩余采摘量肯定不足10%，因此符合保险条款中约定的每次事故10%的相对免赔率，不属于理赔范围。

判决结果：保险合同的免责条款无效，保险公司应当按照保险条款进行赔偿。

案件分析：本案的主要争议为免责条款是否有效。木耳成本保险的保险单条款印有相对免赔率为 10% 的免责条款，保险公司认为该条款有效，在投保公示时已经履行了提示和明确说明义务。但法院认为，第一，保险公司并未以足以引起投保人注意的文字在投保申请明细表印刷相对免赔率的免责条款；第二，公示照片无法证明公示了免责条款，也无法证明在农业保险合同签订前或签订时进行了公示；第三，木耳成本保险的保险单并未在合同成立前或成立时交付投保人，不能以保险单上的印刷文字证明保险人在合同签订前或签订时履行了提示和明确说明义务，因此判定免责条款无效，保险公司应当承担赔偿责任。

在免责条款的司法审查中，法院应从免责条款范围、内容合法性、义务履行方式三个方面进行审查。第一，对免责条款范围的审查。食用菌每次事故的相对免赔率为 10% 或 20%，是减轻保险人责任的条款，属于免责条款的范畴。第二，对免责条款内容合法性的审查。农业保险合同中相对免赔率（额）内容不违反法律法规禁止性规定，因此内容具有合法性。第三，对保险人履行免责条款提示和明确说明义务的审查。（1）保险公司提供给投保农户的投保申请明细表中载明的相对免赔率为 20%，与正式保险单条款 10% 的相对免赔率不一致，不能以投保申请明细表证明保险人履行了正式保险单中免责条款的提示和明确说明义务；（2）保险公司提供的公示内容只有投保人姓名和投保亩数等情况，没有保险单中的免责条款内容，不能以公示证明保险人履行了提示和明确说明义务；（3）延边州政府办公室于 2018 年 2 月 8 日制定的《食用菌种植成本保险实施方案》中规定食用菌相对免赔率为 10%，该方案为政府文件非法律法规，内容不属于法定免责条款，不能以法定免责条款不需履行明确说明义务进行抗辩；（4）保险公司未在农业保险合同成立前或成立时向投保农户提供保险单，不能以保险单中已经载明的免责条款内容主张履行了提示和明确说明义务。综合分析，保险公司并未在农业保险合同成立前或成立时以足以引起投保农户注意的文字或公示形式向投保农户提示和明确说明相对免赔率为 10% 的免责条款，该免责条款无效。

案件启示：（1）投保农户应当着重关注农业保险合同的免责条款，明晰保险合同的保障范围，最大程度保障自己的权益。

（2）保险公司应当在农业保险合同签订前向投保农户明确提示和说明保险合同的免责条款，或者以公示的形式将免责条款进行提示和说明。

（3）监管制度应当明确将农业保险合同的免责条款列入强制公示的内容，保障投保农户及保险公司的合法权益。

六、规范农业保险承保理赔行为的政策建议

（一）推进《农业保险法》立法进程，加大力度保护农业保险各方权益

《农业保险条例》2013年3月1日施行以来，积累了丰富的实践经验，具备制定《农业保险法》的条件。在《农业保险法》中，应当以法律的形式明确政府行政机关、保险机构、投保人和被保险人的法律责任和义务，尤其是明确关乎投保人和被保险人切身利益的赔偿责任和赔偿标准条款。《农业保险法》应当遵循《保险法》《民法典》等法律的基本原则，结合国家财政补贴的情况，出台适合于政策性农业保险的规制条款和责任条款，为农业保险的可持续发展保驾护航。

（二）加强监管，规范保险机构的农业保险业务流程

《保险法》《农业保险条例》等法律法规只对保险公司经营农业保险业务做了最基本的规定，不同保险公司的业务流程规范和合规审查要求不同，导致农民在不同的保险公司投保时享受的服务和保险利益均不同。依据农户与保险公司合同纠纷的主要争议焦点研究结果，建议监管机构规范保险公司承保前免责条款的提示和明确说明义务的履行程序，规范保险公司在农业保险合同成立前的具体分户明细清单制作工作，规范保险公司在查勘定损环节的鉴定程序和查勘定损记录的格式要件和形式要件，规范保险公司在理赔时的公示结果签字程序。

（三） 制定《农业保险条例》等法律法规的配套细则，保障相关利益者权益

我国现行《农业保险条例》多为原则性规定，可操作性以及对保险公司实务操作的指导性还有待加强。例如，虽然法律规定保险公司在承保前需要向投保人提示和明确说明免责条款的概念、内容和法律后果，但在实践中，大部分保险公司依据《农业保险条例》第十条的规定，只在村里公示投保人详细清单和投保面积/数量信息，不予公示农业保险合同的免责条款。因此，建议研究制定农业保险相关法律法规的配套细则，明确要求将免责条款的概念、内容、法律后果纳入"五公开、三到户"的内容，将免责条款的公示义务补充到《农业保险条例》，明确保险公司承担对异议保险标的的受灾情况单独收集和固定查勘定损证据的义务，并在诉讼和仲裁中承担举证责任。

（四） 建立农业保险纠纷快速解决通道，建立中立第三方查勘定损机制

在我国，解决农业保险合同纠纷的途径主要为诉讼和仲裁，但这两种方式不仅耗时还非常耗财。大部分农民的经济实力较弱且法律意识不强，无法对抗资金实力雄厚和法律人才储备丰富的保险机构，只能默然接受不公平的理赔方案，以协议理赔方式草草收场。因此，应当在县级和乡镇等建立高效、便捷、免费服务的基层农业保险纠纷解决组织，由当地非受聘于保险机构的农业技术专家组成，参照劳动仲裁的方式解决农户与保险公司之间的合同纠纷。鉴于农户与保险机构之间的农业保险合同纠纷多集中于对查勘定损结果的分歧，且农业领域受灾的查勘定损具有时效限制，因此，应当在基层建构中立的第三方查勘定损服务组织，例如由政府、保险协会、农业服务机构等第三方中立组织建立查勘定损服务组织，接受农户的委托对受灾标的进行查勘定损，并及时制作查勘定损报告。